ENTSCHEIDUNGEN

des

Ober-Seeamts und der Seeämter

des

Deutschen Reichs.

Herausgegeben

im

REICHSAMT DES INNERN.

Zweiter Band.

2. Heft.

Hamburg.

Druck und Verlag von L. Friederichsen & Co.

1880.

Jnhalt.

(Fortsetzung folgt auf der dritten Seite des Umschlags.)

52. Spruch des Seeamts zu Hamburg vom 14. Februar 1880, betreffend den Seeunfall der norwegischen Bark „Ferda" von Stavanger.

Schiff bei schwerem Eisgange in der Elbe auf Grund gerathen und schwer beschädigt.

Die in Stavanger heimathberechtigte, zu 610 Register-Tons vermessene, norwegische Bark »Ferda«, Schiffer Christiansen, ist am Morgen des 31. December 1879 in der Elbe bei Teufelsbrücke in sinkendem Zustande auf Grund gesetzt worden, sodann vollständig voll Wasser gelaufen und am 2. Januar, nachdem das Schiff sich ganz auf die Seite gelegt hatte, unter Bestellung einer Wache von der Mannschaft verlassen worden. Das Schiff, welches 16 Fuss norwegisch tief ging, hatte vorher bei Blankenese auf Grund gesessen, sowie durch das schwere Treibeis in der Elbe ausserordentlich gelitten, und ist es erst, nachdem der grösste Theil der aus Salpeter, Brucheisen und Stückgütern bestehenden Ladung geleichtet und die an beiden Seiten des Schiffes befindlichen lecken Stellen, und zwar theilweise durch Hülfe von Tauchern, nothdürftig gedichtet waren, am 11. Januar 1880 gelungen, das Schiff zu heben und mit Hülfe eines Schleppers nach Hamburg zu bringen. Das neun Jahre alte, aus Föhrenholz erbaute Schiff war zu 88000 Kronen in Norwegen versichert.

Das dem Seeamt zur Beurtheilung der Ursachen dieses Unfalls gebotene Beweismaterial bestand, ausser der vom Schiffer mitsammt seiner ganzen, aus 13 Mann bestehenden Besatzung, vor dem hiesigen Landgerichte belegten Verklarung und dem in norwegischer Sprache geführten Schiffsjournal, aus den vor dem Seeamte abgelegten Aussagen des Schiffers, des Lootsen Stange, des Führers des Schleppers »Stromboli«, sowie einiger anderen Zeugen, welche das Schiff theils kurz vor der Strandung im Eise treibend, theils als es bei Teufelsbrücke auf Grund sass, gesehen haben.

Die übrige Mannschaft des Schiffes, welche Hamburg alsbald nach abgelegter Verklarung wieder verlassen hatte, konnte zur Verhandlung vor dem Seeamte nicht herangezogen werden.

Nach Massgabe der Verklarung und der sich der letzteren in allen Theilen anschliessenden Aussage des Schiffers hat sich der Unfall folgendermassen zugetragen:

Die »Ferda«, welche bereits längere Zeit segelfertig für New-York im hiesigen Hafen lag, aber durch das in der Elbe befindliche Eis am Auslaufen verhindert gewesen war, verliess Hamburg unter Führung des Patentlootsen Stange und im Tau des Schleppdampfers »Stromboli« am Nachmittage des 29. December, etwa um 2 Uhr mit der Vorfluth, um dann mit höchstem Wasserstande die Sände bei Schulau zu passiren. Das Eis hatte sich an diesem Tage wenigstens auf dem oberen Theile der Elbe bei Hamburg bedeutend vermindert, und will Schiffer Christiansen, der übrigens vorsichtshalber sein Schiff am Bug mit eisernen Platten hatte versehen lassen, gehofft haben, seine Reise elbabwärts gut zurücklegen zu können. Nachdem man anfänglich nur wenig Eis im Fahrwasser getroffen hatte, nahm dasselbe oberhalb Schulau dermassen zu, dass das Schiff einige Zeit im Eise vollständig festgerieth. Doch gelang es dem Schlepper, während die »Ferda« ankerte, Bahn zu brechen und gelangte dann das Schiff, welches die Elbe abwärts von Schulau wieder ziemlich eisfrei fand, ohne bemerkenswerthe Ereignisse bis Pagensand. Hier stiess die »Ferda« ungefähr um 10 Uhr Abends auf Grund und blieb festsitzen, wurde dann aber am Morgen des 30. December um 1 Uhr, mit etwa $^1/_4$ Fluth durch Hülfe des Schleppers wieder flott, ohne Schaden gelitten zu haben. Die Reise ging dann bis kurz nach 5 Uhr Morgens glücklich von Statten. Zu dieser Zeit gerieth die »Ferda«, nachdem vor etwa einer viertel Stunde höchster Wasserstand gewesen war, vor Freiburg an der südlichen Kante des Fahrwassers bei voller Fahrt abermals auf Grund. Die Verklarung fährt dann wörtlich fort:

»Der Dampfer versuchte sogleich das Schiff abzuziehen, sowohl von vorne, als auch von hinten, aber ohne Erfolg; das Schiff war gleich nach Hochwasser aufgestossen, und der Wind war inzwischen zum Sturm von Westen angewachsen und stand gerade auf die Seite des Schiffes, so dass, als das Wasser wegfiel, dadurch ein starkes Schlingern des Schiffes verursacht wurde, und zugleich rollte das Schiff in Folge des schweren Ebbestroms heftig auf dem Grunde, welcher aus hartem Sande bestand. Unser Kabeltau wurde bei dem Versuche, das Schiff abzuziehen, gesprengt und brach zweimal. Die Pumpen wurden während des jedesmaligen Aufgrundstossens und nach demselben gepeilt und 9 bis 10 Zoll Wasser im Raum gefunden, doch ohne dass sich eine ungewöhnliche Zunahme des Wassers bemerklich machte. Um Mittag wurde das Schiff mit Hülfe des Dampfers wieder vom Grunde abgezogen, worauf wir nach Berathung des Schiffers mit den beiden Steuerleuten und den ältesten Leuten der Mannschaft, in Anbetracht der schlimmen Lage, in der sich das Schiff befunden hatte, während es auf Grund gelegen und da zu befürchten stand, dass das Schiff in Folge dessen Schaden am Boden gelitten haben könne, zu der Ansicht kamen, dass es nicht zu verantworten sei, mit dem Schiffe ohne weiteres in See zu gehen, und ward deshalb mit dem Dampfer und dem Lootsen abgemacht, das Schiff nach Hamburg als Nothhafen zurück zu bringen; weiter stromabwärts war das Fahrwasser, soweit man sehen konnte, voll von Treibeis. Wir steuerten demgemäss unter Commando des Lootsen im Tau des Dampfers das Revier aufwärts, ohne durch Eis behindert zu werden und passirten Schulau um 2³/₄ Uhr Nachmittags. Ungefähr zwei Seemeilen weiter oberhalb trafen wir auf schweres Eis, durch welches hindurch zu kommen, sich sofort als unmöglich erwies, und trieben wir dann, von schwerem Eise umgeben, mit der Fluth eine Strecke aufwärts, etwas später wurde das Schiff im Tau des Dampfers jedoch wieder steuerfähig. Um 6 Uhr Nachmittags kam die Bark »Flora« von Blankenese in unserm Kielwasser, von einem Dampfer geschleppt, hinter uns auf und rannte in unser Achterschiff hinein, so dass unser Heckbord eingestossen wurde und unser Achterschiff mehrfache Beschädigungen erlitt, unser Dampfer schleppte uns mit voller Kraft, unsere Fahrt war jedoch durch Eis behindert. Um 8 Uhr Abends, als wir in schwerem Eise abermals ohne Steuerkraft trieben, liessen wir den Backbord-Anker fallen mit 13 Faden Kette, um zu verhindern, dass das Schiff auf Grund treibe. Unser Dampfer bemühte sich inzwischen, das Eis zu zerbrechen und auch der Dampfer »Eisbrecher« kam zur Stelle und half dabei, das Eis zu zertheilen, worauf wir den Anker wieder aufhievten, und ging der Dampfer dann wieder mit uns in Fahrt, durch schwere Massen Treibeis hindurch. Gleich darauf stand der Dampfer wieder im Eise fest; unser Lootse commandirte, das Ruder Backbord zu legen, was auch sogleich geschah, in Folge des kurzen Abstandes aber rannte unser Schiff gegen den Schleppdampfer, so dass dadurch mehrere Planken ramponirt und die Ankerstöcke verbogen wurden, auch ward ein Theil unserer Schanzkleidung zerbrochen. Der Dampfer liess uns hierauf los und gleich darauf ungefähr um 9 Uhr Abends kam unser Schiff abermals auf Grund und legte sich auf die Seite quer gegen den Strom und gegen den schweren Eisgang. Das Schiff legte sich soweit auf die Seite, dass es mit der Regeling zu Wasser lag, und wir hielten schon die Aexte in Bereitschaft, um die Masten zu kappen, indem wir das Kentern des Schiffes befürchteten. Der gewaltsame Eisgang erschütterte das Schiff fürchterlich, und dasselbe lag so sehr auf der Seite, dass es unmöglich war, die Pumpen zu gebrauchen. Am 31. December um 3 Uhr Morgens richtete sich das Schiff mit der Fluth etwas auf, und peilten wir dann 15 Zoll Wasser an den Pumpen; um 3½ Uhr Morgens peilten wir die Pumpen abermals und fanden bereits 6 bis 7 Fuss Wasser im Schiffe, obschon die Pumpen während der Zwischenzeit im Gange gehalten worden. Wir befürchteten, dass das Schiff durch den anhaltenden gewaltsamen Eisgang werde zertrümmert werden, und warf sich dasselbe mit der steigenden Fluth stark auf die andere Seite; unser Schleppdampfer, welcher eine Strecke von uns lag, konnte in Folge des schweren Eisganges uns nicht zu Hülfe kommen, und gaben wir dem in einiger Entfernung sichtbaren Dampfer »Eisbrecher« Signale, welche derselbe nach einiger Zeit beantwortete, und kam solcher dann mit vieler Mühe bis zu unserm Schiffe hin. Da die Gefahr, dass das Schiff kentern und vom Eise gänzlich werde zertrümmert werden, eine augenscheinlich drohende war und da keine andere Hülfe sich in Aussicht stellte, so ward nach einer vom Schiffer und Mannschaft gehaltenen Berathung beschlossen, dass ein Theil der Besatzung, nämlich der Steuermann und neun Mann zu dem Dampfer »Eisbrecher« an Bord gehen sollten, um ihr Leben nicht nutzloser Gefahr auszusetzen, wogegen der Schiffer mit drei Mann und dem Lootsen an Bord der »Ferda« bleiben sollten, um zu verhindern, dass das Schiff von Anderen in Besitz genommen werde, welcher Beschluss dann ungefähr 4 Uhr Morgens ausgeführt wurde.

Inzwischen glückte es unserm Schleppdampfer »Stromboli« zu unserm Schiffe heran zu kommen, und ungefähr um 5 ½ Uhr Morgens wurde letzteres durch den schweren Eisgang vom Grunde abgeschoben. Das Schiff trieb dann, von schwerem Eise umgeben, mit der Fluth stromaufwärts, die Pumpen wurden gepeilt, und es ergab sich, dass ungefähr 8 Fuss Wasser im Schiffe befindlich, sowie, dass das Wasser im Raume in raschem Steigen begriffen war, während das Schiff zugleich tiefer wegsank, und um nicht mitten im Fahrwasser zu sinken, ward beschlossen, das Schiff auf den Strand zu setzen, um womöglich Schiff und Ladung zu retten. Der Schleppdampfer erhielt deshalb von der »Ferda« eine Schlepptrosse und schleppte das Schiff bei Teufelsbrücke auf den Strand, woselbst es dann am 31. December ungefähr um 6 ½ Uhr Morgens auf dem Grunde fest stehen blieb; bei Peilung der Pumpen zeigte sich, dass das Wasser im Raum fortwährend rasch höher stieg.«

Schiffer Christiansen hat dieser Schilderung dann noch ergänzend hinzugefügt: Er habe, als er sich bei Freiburg befunden habe, sowohl seinen Lootsen wie auch den Führer des Schleppdampfers gefragt, wohin er mit seinem Schiffe am raschesten und sichersten gelangen könne und sei ihm von beiden der Rath ertheilt worden, nach Hamburg zurückzukehren.

Der Lootse Stange insbesondere habe ihm auf sein Befragen gesagt, die »Ferda« könne um 4 Uhr selbigen Tages in Hamburg sein. Leck sei die »Ferda« damals noch nicht gewesen, indem man bei Peilung der Pumpen, nachdem das Schiff wieder flott gewesen sei, den gewöhnlichen Wasserstand im Schiff von 9 bis 10 Zoll gefunden habe, ein Wasserstand, bei welchem die Pumpen der »Ferda« lens schlugen. Zum Anlaufen eines Nothhafens habe er sich durch die Befürchtung veranlasst gesehen, dass das Schiff sowohl durch das Aufgrundgerathen, wie durch das Eis am Boden gelitten haben könne, zumal dasselbe beim Festsitzen vor Freiburg bei dem heftigen Sturme aus Westen, namentlich beim Wiederauflaufen des Wassers schwer geschlingert habe. Das in der Nacht vom 30. auf den 31. December, als die »Ferda« vor Blankenese im Eise trieb, erfolgte Verlassen derselben durch den grössten Theil der Mannschaft, obwohl er selbst, der Lootse und ein Theil der Mannschaft an Bord geblieben seien, hat Schiffer Christiansen in Uebereinstimmung mit der Verklarung als ein völlig berechtigtes und nach gehaltenem Schiffsrath mit seiner Einwilligung erfolgtes Verfahren dargestellt, indem die Lage des Schiffes damals eine sehr gefährdete gewesen, es aber unnütz erschienen sei, das Leben der ganzen Mannschaft auf das Spiel zu setzen, auch der zurückbleibende Rest sich leichter mit Hülfe der Böte würde haben retten können.

Der vom Seeamte eidlich vernommene Lootse Stange, ein Mann, welcher früher selbst Schiffer, seit zehn Jahren auf der Elbe als Patentlootse fungirt, weicht von diesen Depositionen des Schiffers

Christiansen in wesentlichen Beziehungen ab: Die »Ferda« habe, als sie bei Freiburg festsass, vollkommen ruhig und ohne Bewegung gelegen, von einem heftigen Arbeiten, insbesondere von einem Schlingern des Schiffes sei auch beim Wiederauflaufen des Wassers nichts zu spüren gewesen. Gegen den Weststurm habe das Ufer völligen Schutz geboten. Das mit der Fluth aufkommende Eis sei im tiefen Fahrwasser getrieben und habe sich somit nördlich von dem eben südlich von dem Fahrwasser auf Grund gerathenen Schiffe gehalten, so dass dasselbe während des Festsitzens vom Eise durchaus nicht gelitten haben könne. Das Schiff, welches nicht mehr Wasser als gewöhnlich gemacht habe, sei, nachdem es bei Freiburg wieder flott geworden, seiner Ueberzeugung nach noch in völlig festem und dichtem Zustande gewesen, so wie es Hamburg verlassen hatte, demselben habe nichts gefehlt. Es sei denn auch nicht wahr, dass er dem Schiffer gerathen habe, nach Hamburg zurückzukehren, vielmehr habe er ihn ausdrücklich vor dem schweren Eise, welches die »Ferda« bei einem solchen Unternehmen voraussichtlich oben in der Elbe wieder antreffen würde, gewarnt und ihm seinen Rath dahin ertheilt, etwas elbaufwärts vor der Süderelbe, wo völlig klares Wasser gewesen sei und verschiedene andere Schiffe, namentlich auch eine bremer Bark geankert hätten, vor Anker zu gehen und besseres Wetter abzuwarten. Bei dem damals herrschenden Weststurme und dem schweren mit der Fluth aufwärts kommenden Eise sei es zu jener Zeit allerdings unmöglich gewesen, die Reise nach Cuxhaven fortzusetzen, und habe er sich dem Schiffer gegenüber in diesem Sinne ausgesprochen. Doch hätte das Schiff seiner Ueberzeugung nach, wenn es vor der Süderelbe vor Anker gegangen wäre, unter der Voraussetzung, dass der Sturm nachliess, mit der nächsten Ebbe sehr wohl nach Cuxhaven hinunter gelangen können. Wenn er dem Schiffer auf sein Befragen gesagt habe, die »Ferda« könne in 3 Stunden in Hamburg sein, so habe er daran die Voraussetzung geknüpft, dass sie kein Eis treffen und westlichen Wind behalten würden, so dass sie in einer Fluth hinaufgelangen könnten.

Der Schiffer habe sich dann in seiner Kajüte mit dem an Bord der »Ferda« gekommenen Führer des Schleppdampfers «Stromboli« besprochen, während er, der Lootse, an Deck damit beschäftigt gewesen sei, das Schiff durch Scheeren von dem mit der Fluth herankommenden Eise freizuhalten. Hierauf habe ihm Schiffer Christiansen seinen Entschluss mitgetheilt, nach Hamburg zurückzukehren und sei dabei geblieben, obwohl Zeuge ihm nochmals gerathen habe, zunächst vor der Süderelbe zu ankern. Gründe für diesen Entschluss habe Schiffer Christiansen ihm nicht angegeben. Er habe sich mit demselben, der übrigens auch des Deutschen ganz wohl mächtig sei, halb in norwegischer, halb in deutscher Sprache sehr gut verständigen können. Beim Wiederaufsegeln habe man die Elbe bis Blankenese ziemlich eisfrei gefunden, sei dort aber auf sehr schweres Eis gestossen und sei das Schiff schliesslich um 9 Uhr Abends am 30. December bei Ebbe dicht bei Blankenese auf Grund gerathen. Das Schiff habe sich dann querstrom mit dem Heck nach Blankenese zu und so sehr auf die Seite gelegt, dass das Schanddeck mit dem Wasser gleich gewesen sei. Erst um 2 Uhr Morgens sei das Schiff mit der Fluth wieder flott geworden, habe aber inzwischen durch das schwere Eis sehr gelitten. Das Schiff habe während des Festsitzens »geflogen und gezittert«, sei schwer leck geworden und habe er wahrgenommen, wie dasselbe, nachdem es wieder flott war und im Eise trieb, mehr und mehr wegsank. Trotzdem habe er ein ferneres Ausharren auf dem Schiffe für lebensgefährlich nicht erachtet, da im Nothfalle immer die Böte zu Gebote gestanden hätten, mit welchen man sich über das Eis weg hätte retten können. Die Schuld an dem Festgerathen des Schiffes bei Freiburg hat der Lootse auf bezügliches Befragen dem Umstande beigemessen, dass der Schleppdampfer »Stromboli« obwohl er, Zeuge, demselben zugerufen habe, nicht so südlich zu halten, zu sehr an die Südkante des Fahrwassers hinübergetaut habe.

Der gleichfalls eidlich vernommene Schiffer Dreyer vom »Stromboli« hat bezeugt, dass er, als die »Ferda« vor Freiburg wieder flott gewesen sei und im Fahrwasser geankert habe, an Bord derselben gekommen und in der Kajüte mit dem Schiffer eine etwa 10 Minuten dauernde Unterredung gehabt habe. Der Schiffer habe ihn gefragt, ob sich Hamburg oder Cuxhaven am ersten erreichen lasse, worauf er sich für Hamburg erklärt habe. Die Frage, ob es richtiger sei, vor der Süderelbe zu ankern, sei zwischen ihm und dem Schiffer gar nicht besprochen worden. Beim Schluss der Unterredung sei der Lootse in die Kajüte gekommen und habe gefragt, was geschehen solle, worauf ihm der Schiffer erklärt habe, er wolle nach Hamburg zurück. Zeuge habe sich dann mit dem Lootsen aus der Kajüte entfernt und sei wieder an Bord des »Stromboli« zurückgegangen. Er habe nicht gehört, dass der Lootse gegen den ihm mitgetheilten Entschluss des Schiffers, nach

Hamburg zurückzukehren, seinerseits Einwendungen erhoben hätte. Auch dieser Zeuge hat sich dann dahin ausgesprochen, dass es bei dem damals herrschenden Westwinde sehr wohl angängig gewesen wäre, vor der Süderelbe vor Anker zu gehen. Gefährlich würde der Ankerplatz nach Ansicht des Zeugen nur dann geworden sein, wenn der Wind nördlicher geworden wäre. Auch dieser Zeuge hält übereinstimmend mit dem Lootsen die Annahme, dass das Schiff, während es bei Freiburg auf Grund sass, Schaden gelitten haben könne, nach Sachlage für ausgeschlossen. Das Schiff sei nur 1½ Fuss aufgebojet gewesen und habe auch, als das Wasser wieder auflief, allerdings querstrom aber eben ausserhalb des im tiefen Fahrwasser treibenden Eises ruhig und fest gelegen, und will Zeuge weder ein heftiges Arbeiten, noch insbesondere eine schlingernde Bewegung des Schiffes bemerkt haben. Hinsichtlich des auf Grundgerathens bei Freiburg will Zeuge Zurufe des Lootsen, nicht so weit südlich zu tauen, nicht gehört haben. Er habe sich allerdings südlich im Fahrwasser gehalten, weil dort weniger Treibeis war, doch habe er noch eben vor dem Festgerathen 5 bis 6 Faden gelothet.

Es hat dann noch der auf dem Dampfschiffe »Eisbrecher No. 2« befindlich gewesene Zeuge, Schiffskapitain Henert, Expert der norddeutschen Versicherungsgesellschaft, sich in sehr ungünstiger Weise über das Benehmen eines Theiles der Mannschaft der »Ferda« am Morgen des 31. December ausgesprochen. Die Mannschaft oder doch der auf den »Eisbrecher« übergegangene Theil derselben sei ersichtlich nur auf die Rettung ihres eigenen Lebens und ihrer Habe bedacht gewesen, obwohl eine eigentliche Lebensgefahr keineswegs vorgelegen habe. Die Disciplin an Bord der »Ferda« scheine zu jener Zeit völlig gelöst gewesen zu sein.

Wie weit die letzterwähnten Beschuldigungen gegen die Mannschaft der »Ferda«, welche durch die Depositionen des Lootsen Stange allerdings einige Unterstützung gefunden haben, berechtigt sind, darüber glaubte das Seeamt bei der Unthunlichkeit, die Mannschaft selbst zu hören, sich eines Urtheils enthalten zu sollen. Darüber, dass das Schiff, als es vor Blankenese wieder flott geworden war und mit der Fluth im Eise aufwärts trieb, sich in schwer leckem Zustande befand und wegzusinken drohte, kann nach der Beweisaufnahme kein Zweifel obwalten. Das einzige, was nach dem damaligen Zustande des Schiffes zu thun blieb, nämlich dasselbe mit Hülfe des Schleppers auf Strand zu setzen, konnte aber auch durch den an Bord verbliebenen Theil der Mannschaft ins Werk gesetzt werden. Es wird also jedenfalls anzuerkennen sein, dass der Umstand, dass die »Ferda«, als sie sich noch auf der Elbe treibend befand, von einem grossen Theile ihrer Mannschaft verlassen wurde, für das Schicksal von Schiff und Ladung ohne Einfluss geblieben ist.

Etwaigen Bedenken in der Richtung, ob Ende December vorigen Jahres bei dem damaligen Eisstand in der Elbe von einem hölzernen Schiffe, wie die »Ferda« es war, das Auslaufen aus dem Hamburger Hafen überall unternommen werden durfte, konnte das Seeamt nicht beitreten. Freilich hätte Schiffer Christiansen vorsichtiger gehandelt, wenn er Hamburg mit der Frühtide verlassen hätte, wie Lootse Stange ihn auch dahin berathen haben will. Es sind, wie dem Seeamte bekannt, in jenen Tagen Schiffe, unter ihnen auch hölzerne Segelschiffe, stromabwärts passirt, wie auch das Eis in der Elbe sich in Folge des am 25. December eingetretenen milderen Wetters bereits vermindert hatte und am 29. December das Fahrwasser bei Hamburg nur wenig Treibeis zeigte. Auch steht anzunehmen, dass die »Ferda«, wenn sie ihre Fahrt elbabwärts ohne Unterbrechung hätte fortsetzen können, die Elbmündung allem Vermuthen nach glücklich erreicht hätte. Das ungefähr siebenstündige Festsitzen bei Freiburg, von Eintritt der Ebbe am Morgen des 30. December bis um Mittag und der inzwischen aufgekommene Weststurm machte es der »Ferda« unmöglich ihre Reise elbabwärts fortzusetzen. Andererseits ist aber das Seeamt zu der Ueberzeugung gelangt, dass ein ausreichender Grund, damals ohne weiteres nach Hamburg zurückzukehren, für die »Ferda« nicht vorlag.

Die Schilderung der Verklarung, dass das Schiff während des Festsitzens vor Freiburg heftig gestossen und gerollt und dass deshalb Grund zu der Befürchtung vorgelegen habe, dass der Boden des Schiffes Schaden gelitten habe, wird nach den Aussagen des Lootsen und des Führers des »Stromboli« mindestens für übertrieben erachtet werden müssen, um so mehr als der Schiffer Christiansen übereinstimmend mit der Verklarung ausdrücklich bekundet hat, dass das Schiff auch nach dem Wiederflottwerden nicht mehr Wasser als gewöhnlich gemacht habe. Eine Nothwendigkeit, einen Nothhafen aufzusuchen, lag also für Schiffer Christiansen nicht vor, und würde er, wenn selbst der Lootse den Rath, in der Nähe der Stelle, wo das Schiff sich zu jener Zeit befand, nämlich vor der Süderelbe vor Anker zu gehen, aus eigenem Antriebe nicht ertheilt haben sollte — wie der Lootse solchen Rath wiederholt ertheilt haben will — doch als sorglicher Schiffsführer die Pflicht gehabt haben, den Lootsen in dieser Richtung zu befragen, wie er auch selbst, ohne diesbezüglichen Rath von dritter Seite, wenn er andere Schiffe in der Nähe in klarem Wasser ankern sah, auf das zweckmässige, auch mit seinem Fahrzeuge dort das weitere abzuwarten, aufmerksam werden musste. In dem Umstande, dass Schiffer Christiansen, statt sein Schiff an der bezeichneten Stelle vor Anker zu legen und abzuwarten, ob es ihm nicht gelingen werde, mit der nächsten Ebbe nach Cuxhaven zu gelangen, in durchaus unmotivirter Hast nach Hamburg zurückzukehren sich entschloss, obwohl er nach den auf der Fahrt elbabwärts gemachten Erfahrungen mit Sicherheit voraussehen musste, dass er weiter oberhalb wieder auf schweres und für sein Schiff gefährliches Eis stossen werde, ist denn auch die eigentliche, wenigstens mittelbare Ursache des Unfalles der »Ferda« zu erblicken.

Dass das Schiff, welches bei Blankenese während einer Reihe von Stunden auf Grund gesessen hatte und schwer leck geworden war und welches auch, nachdem es wieder flott war und mit der Fluth stromaufwärts trieb, von schwerem Eise besetzt blieb, eine Fortsetzung seiner Reise nach Hamburg nicht unternehmen konnte, es vielmehr das den Umständen nach Richtige war, das Schiff in seinem damaligen Zustande auf Grund zu setzen, ist bereits hervorgehoben worden.

Das Seeamt giebt hiernach seinen Spruch dahin ab:

> Der der norwegischen Bark «Ferda» von Stavanger in der Nacht vom 30. auf den 31. December 1879 auf der Elbe zugestossene Unfall ist eine Folge der zu jener Zeit auf der Elbe obwaltenden Eisverhältnisse und des Umstandes gewesen, dass das Schiff bei ablaufendem Wasser vor Blankenese in schwerem Eise auf Grund gerieth; der Unfall wäre aber vermieden worden, wenn Schiffer Christiansen, wie er solches als vorsichtiger Schiffer bei dem damals noch festen und dichten Zustande seines Schiffes hätte thun müssen, vor weiterer Bestimmung über die Reise seines Schiffes oberhalb Freiburg vor der Süderelbe in eisfreiem Wasser vor Anker gegangen wäre.

53. Spruch des Seeamts zu Hamburg vom 2. März 1880, betreffend den Seeunfall des Dreimastschooners „Christian“ von Blankenese.

Schiff durch einen Taifun stark beschädigt.

Der in Blankenese heimathberechtigte, zu 801,0 cbm oder 282,76 Register-Tons Netto-Raumgehalt vermessene Dreimastschooner »Christian«, Schiffer D. Stehr (Unterscheidungssignal LJSG), verliess am 24. Juli 1879 Niushwang, bestimmt für Footchow, mit einer vollen, aus Bohnenkuchen bestehenden Ladung. Die Ladung war durch Stauer ordnungsmässig gestaut und füllte den Schiffsraum bis dicht unter das Deck. Am Mittag des 31. Juli 1879 befand sich das Schiff bei schönem Wetter und südöstlichem Winde nach Observation auf 36° 7′ nördlicher Breite und 123° 14′ östlicher Länge. Dasselbe führte alle Segel. Nachmittags wurde der Wind dann in östlicher Richtung umlaufend stärker und wuchs in den Abendstunden bei fortwährend fallendem Barometer und zunehmendem Seegange an Heftigkeit. Nach Mitternacht hatte er sich zu einem Sturm aus Ost gesteigert und mussten bei dem rapiden Zunehmen des Windes in rascher Folge die sämmtlichen Segel bis auf das dicht gereffte Grosssegel festgemacht werden. Gegen 4 Uhr Morgens hatte der Wind die Stärke eines Taifuns erreicht und lief eine hohe unregelmässige See. Das Schiff nahm fortwährend von beiden Seiten viel Wasser über. Gegen 5 Uhr wurde das Schiff, welches beigedreht lag, durch eine schwere Sturzsee nahezu zum Wrack gemacht. Ein chinesicher Matrose wurde über Bord gespült, zwei andere Leute, gleichfalls Chinesen, erlitten Beinbrüche. Das Grosssegel war zerrissen, Gross- und Besahnstenge hingen gebrochen in Lee. Sämmtliche Wasserfässer und anderes an Deck befindliche Geräth waren weggewaschen, die Backbordverschanzung vollständig eingeschlagen, das Logis sowie die auf demselben liegenden Böte waren zertrümmert, die Grossluke eingeschlagen, die Backbordpumpe zerbrochen. Das Schiff hatte sich dermassen auf die Seite gelegt, dass die Ladung übergeschossen war und stand das Wasser bis an die Luke. Um das Sinken des Schiffes zu verhüten, wurde der Fockmast gekappt, doch war es bei der schiefen Lage des Schiffes nicht möglich die Taljereepen in Lee zu kappen, und wurde das Schiff in Folge dessen von dem gekappten Mast nicht klar, vielmehr arbeitete derselbe noch 24 Stunden an und unter dem Schiff. Beim Peilen der Pumpen fanden sich sechs Fuss Wasser im Raum. Um 8 Uhr Morgens liess der Sturm etwas an Heftigkeit nach; das Schiff konnte aber in seinem wracken Zustande die Reise nicht fortsetzen, und musste Schiffer Stehr seinen Curs nach Norden zurücknehmen. Nachdem in der Folge fortwährend eifrig gepumpt war und man einen grossen Theil der Ladung geworfen hatte, war das Schiff am 3. August einigermassen wieder auf graden Kiel gebracht. Dasselbe machte aber bei der geringen Segelführung und leichten südlichen Winden nur sehr wenig Fahrt und befand sich am Mittag des 5. August nach Observation auf 36° 45' nördlicher Breite und 123° 20' östlicher Länge. Am 6. August wurde Shantung-Vorgebirge in WzS 15 Seemeilen Abstand gepeilt. Da es während der dann folgenden Tage nicht gelungen war, näher an die Küste heranzukommen, so sah Schiffer Stehr sich am 10. August genöthigt, ein Abkommen mit dem Führer einer passirenden deutschen Bark zu treffen, demzufolge das letztere Schiff es übernahm, den »Christian« nach Chifu zu schleppen. Bei frischem südöstlichen Winde ging die Reise dann im Schlepptau des andern Schiffes verhältnissmässig schnell von Statten, so dass der »Christian« am Nachmittag des 10. August in Chifu Hafen ankerte. Die nach Entlöschung der Ladung vorgenommene Besichtigung des »Christian« ergab, dass eine gründliche Reparatur sich nur im Trockendock vornehmen liess. Da es aber in Chifu ein Trockendock nicht gab, auch die Kosten einer, behufs Ueberführung des Schiffes nach einem andern Hafen, erforderlichen vorläufigen Reparatur unter Zurechnung der weiteren Kosten einer gründlichen Reparatur nach Schätzung der Besichtiger den in unbeschädigtem Zustande auf 10 000 $ veranschlagten Werth des Schiffes nahezu absorbirt haben würden, so entschloss sich Schiffer Stehr das Schiff in Chifu als reparaturunwürdig zum öffentlichen Verkauf zu bringen.

Vorstehender Thatbestand ergiebt sich aus dem Schiffsjournal, der von Schiffer, Steuermann und Bootsmann vor dem Consul in Chifu belegten Verklarung, den Havariepapieren und den Aussagen des vom Seeamte eidlich vernommenen Schiffer Stehr. Die übrige Besatzung des Schiffes bestand, mit Ausnahme von Steuermann und Bootsmann, welche Deutsche waren, aber nach ihrer in Chifu erfolgenden Abmusterung nicht nach Deutschland zurückkehrten, aus Chinesen und konnte zur Verhandlung nicht herangezogen werden.

Das vorliegende Beweismaterial lässt den Unfall als lediglich durch die Ereignisse der See herbeigeführt erscheinen. Grund zu einem Bedenken in der Richtung, ob das Schiff seine letzte Reise in vollkommen seetüchtigem Zustande angetreten habe, liegt nicht vor, zumal dasselbe zur Zeit seines Verlustes in den Registern des Büreau Veritas wie auch des Germanischen Lloyd mit der ersten Classe verzeichnet stand, wenn auch freilich nicht unerwähnt zu lassen ist, dass Schiffer Stehr es unterlassen hatte, sein 1870 bei Veritas registrirtes und unter Specialaufsicht erbautes Schiff der nach §. 10 des »Reglements für hölzerne Schiffe« vorgeschriebenen gründlichen Besichtigung nach Ablauf der ersten sieben Jahre unterziehen zu lassen.

Auch zu einer Annahme, dass mangelhafte Stauung der Ladung zu dem Unfalle mitgewirkt haben könnte, liegt kein genügender Anlass vor.

Der Spruch des Seeamts geht hiernach dahin:

dass der Unfall des Schiffes »Christian«, Schiffer Stehr, als eine unvermeidliche Folge der Seeereignisse zu betrachten ist.

54. Spruch des Seeamts zu Bremerhaven vom 5. März 1880, betreffend den Seeunfall der Bark „Christine" von Bremen.

Strandung und Verlust des Schiffes in der Nähe der Falklands-Inseln.

Die Bark »Christine« ging im August 1879 von Bahia Magdalena in Unter-Californien mit einer Ladung Kupfererz und Orchilla zur Rückreise nach Europa in See. Etwa Mitte October, in der Nähe von Cap Horn, wurde beim Auffüllen von Wasserfässern die Entdeckung gemacht, dass — wahrscheinlich in Folge eines Lecks im Hauptbehälter — die Wasservorräthe bis zur Beendigung der Reise nicht mehr ausreichend seien, und deshalb beschlossen, Port Stanley auf den Falklands-Inseln anzulaufen.

Am 18. October, als man sich auf der Fahrt nach dem letztgedachten Hafen befand, wurde durch die Mittags vorgenommene Observation der Schiffsort auf 52° 43′ südlicher Breite und 58° 4′

westlicher Länge festgestellt. Man legte dann mit NW Curs nach dem Compass ungefähr 35 Seemeilen zurück, bis Nachmittags um 5 Uhr in NW Land erblickt wurde. Es wurde nunmehr der Schiffsort von Neuem festgestellt, wobei sich ergab, dass seit Mittag eine östliche Versetzung von 7 bis 8 Seemeilen stattgefunden hatte. Der Curs wurde sodann auf N geändert, um dem Feuerkreise von Cap Pembroke zuzusteuern, und wurde dieser Curs bis 8 Uhr Abends unverändert beibehalten. Bei einer um 8 Uhr vorgenommenen Lothung wurde mit dem Tiefseeloth und 30 Faden Leine kein Grund gefunden und daraus der Schluss gezogen, dass das Schiff im richtigen Fahrwasser sei. Nach seinen Berechnungen nahm der Schiffer Schulze an, dass um etwa 9 Uhr Pembroke Feuer in Sicht kommen müsse. Von 8 bis 9 Uhr wurde N $^1/_2$O, von 9 Uhr an erst einige Minuten NzO gesteuert. Etwa 5 Minuten nach 9 Uhr wurde sodann das Feuer von Pembroke NzO erblickt und nunmehr der Curs auf NNO gesetzt. Um 10 $^1/_2$ Uhr wurde nach zuvoriger Peilung des Feuers N $^1/_2$O der Curs in NNO $^1/_2$O geändert.

Dieser Curs wurde fortgesetzt, bis gegen 11 Uhr vom Ausguckmann plötzlich die Brandung ausgerufen wurde.

Der Schiffer war von 5 Uhr Nachmittags an mit kurzen Unterbrechungen immer an Deck gewesen. Der Ausguck war von 7 Uhr an, wo es dunkel wurde, besetzt gehalten. Gelothet wurde seit 8 Uhr Abends nicht mehr. Die Hochwasserzeit war vom Schiffer für Pembroke Feuer auf 6 $^3/_4$ Uhr berechnet und darnach angenommen, dass von 7 Uhr an Ebbe sein würde. Ferner war vom Schiffer beim ersten Sichten von Pembroke Feuer die Entfernung von letzterem auf 14 Seemeilen angenommen, weil in der an Bord befindlichen Segelanweisung bemerkt war, dass Pembroke Feuer bei klarem Wetter — und solches war am fraglichen Abend — in der angegebenen Entfernung sichtbar sei. Die Fahrgeschwindigkeit des Schiffes wurde etwas nach 9 Uhr durch Loggen auf ungefähr 4 Seemeilen die Stunde bestimmt und wurde in Betreff der Zeit nachher als noch geringer angenommen, da der Wind, welcher südlich und südwestlich war, nachher allmählig abgenommen hatte und zeitweilig sogar ganz flau geworden war. Der Schiffer hatte die Absicht, um 11 Uhr Abends, zu welcher Zeit er nach seiner Berechnung noch 3 bis 4 Seemeilen vom Wolf Rock entfernt gewesen sein würde, ostwärts beizudrehen, und theilte diese seine Absicht auch kurze Zeit vor dem Erblicken der Klippen dem Bootsmann mit.

Sobald um 11 Uhr die Brandung ausgerufen war, commandirte der Schiffer, welcher gleich erkannte, dass die Brandung vom Wolf Rock herrühre, Ruder Backbord und dann hart Backbord und liess die Raaen anbrassen. Zugleich befahl er, dass die andere Wache geweckt werde; die Befehle wurden sofort ausgeführt. Auch die weiteren Befehle des Schiffers, welche sämmtlich darauf zielten, das Schiff von den Klippen frei zu manövriren, wurden von der ganzen Mannschaft prompt ausgeführt, das Schiff luvte jedoch schlecht und trieb in Folge einer vorhandenen Strömung quer auf den Felsen zu. Auch der Versuch, das Schiff mit Hülfe eines ausgeworfeuen Ankers zu wenden, erwies sich als vergeblich, und der Anker hielt erst unter Nachholen von etwa 15 Faden Kette, nachdem das Schiff bereits mehrmals aufgestossen hatte. Das Aufstossen dauerte auch nachher fort, wurde schneller und stärker, das Schiff begann aufzubrechen und es war nunmehr keinem Zweifel mehr unterworfen, dass das Schiff unrettbar verloren und jedes längere Verweilen auf demselben mit Rücksicht auf das voraussichtlich rasche Fallen der Takelage und der Masten für die an Bord befindlichen Menschen äusserst gefährlich sei. Der Schiffer beorderte deshalb die ganze Mannschaft und seine mit an Bord befindliche Frau in das rasch ausgesetzte Boot, stieg als Letzter auch in dasselbe, und langten die Geretteten mit demselben um etwa 4 Uhr Morgens in Port Stanley an. Bei der Abfahrt mit dem Boote war das Vorhandensein einer nördlichen Strömung bemerkt worden.

Zwei Tage nach der Strandung war der Schiffer nebst einigen Personen von der Mannschaft noch einmal an der Strandungsstelle und fand, dass das Schiff, welches eine Zeit lang völlig unter Wasser gewesen war, sich zwar theilweise wieder gehoben hatte, jedoch vollständig auseinander gebrochen und nichts mehr zu retten war. In Port Stanley hat Schiffer Schulze nachher gehört, dass man bei klarem Wetter Pembroke Feuer nur 12 Seemeilen weit sehen könne.

Bei Beurtheilung des vorstehend mitgetheilten, aus den Aussagen der theils vor dem Seeamte, theils durch auswärtige Behörden vernommenen Personen sich ergebenden Sachverhalts ist zunächst hervorzuheben, dass die gesteuerten Curse und die sonst getroffenen Massregeln bis 9 Uhr Abends völlig correkt waren. Wenn der Schiffer, nachdem er sodann um 9 Uhr Abends Cap Pembroke Feuer zuerst erblickt hatte, die Entfernung von demselben noch auf 14 Seemeilen annahm, während diese möglicherweise etwas geringer gewesen ist, so trifft denselben dieserhalb jedenfalls kein Vorwurf, da er mit Recht annehmen durfte, dass die Segelanweisungen richtig seien. Bei Annahme der bezeichneten Entfernung von Pembroke Feuer — welche einer Entfernung zu etwa 11 Seemeilen von Wolf Rock entspricht — und bei der durch Loggen ermittelten Geschwindigkeit des Schiffes von ungefähr 4 Seemeilen die Stunde war ferner die Annahme des Schiffers eine nicht ungerechtfertigte, dass das Schiff sich um 11 Uhr noch etwa 3 Seemeilen von Wolf Rock entfernt befinden würde, zumal derselbe bei der auf $6^3/_4$ Uhr bestimmten Hochwasserzeit von 7 Uhr an Ebbe und mit dieser eine etwa südwärts setzende Strömung erwarten durfte und auf die nördliche Strömung, welche zur fraglichen Zeit unabhängig von der Fluthströmung geherrscht zu haben scheint, nicht wohl rechnen konnte. Trotzdem würde Schiffer Schulze vorsichtiger gehandelt haben, wenn er sich weniger auf die Richtigkeit seiner Beobachtungen und Berechnungen verlassen, vielmehr mit Rücksicht darauf, dass er sich bei Nacht einer fremden Küste näherte und der Wolf Rock grade auf seinem Curse lag, gewissen, häufig nicht zu berechnenden Einflüssen ausreichenden Spielraum gegeben und deshalb Pembroke Feuer gleich nach dem ersten Erblicken desselben ganz frei von Wolf Rock gebracht hätte.

Was die übrigen Manöver und Anordnungen anbetrifft, so waren dieselben durchaus seemännisch und den Umständen des Falls entsprechend. Daraus, dass nach 8 Uhr nicht mehr gelothet wurde, kann ein Vorwurf nicht hergeleitet werden, da auch in unmittelbarer Nähe des Wolf Rock tiefes Wasser ist — so dass man letzteren auch an der Westseite passiren kann —, deshalb aber durch Lothen eine Controle für die Entfernungsberechnung nicht herbeizuführen gewesen wäre, im Uebrigen aber Pembroke Feuer ja stets in Sicht war. Bei den angestellten Berechnungen und Beobachtungen hat der Schiffer es augenscheinlich an der nöthigen Sorgfalt nicht fehlen lassen und dabei insbesondere alle ihm zur Verfügung stehenden nautischen Hülfsmittel angewandt. In Betreff des — übrigens mit grosser Sorgfalt geführten — Journals ist zu bemerken, dass dasselbe am Schluss nicht vorschriftsmässig vom Steuermann mit unterzeichnet ist.

Das Seeamt fasst nach Obigem seinen Spruch dahin zusammen:

Der fragliche Unfall ist dadurch verursacht, dass entweder der Schiffer bei der um 9 Uhr Abends stattgehabten Peilung die Entfernung von Pembrocke Feuer zu gross annahm, oder dass das Schiff in Folge einer wider Erwarten stattfindenden nördlichen Strömung mit grösserer Geschwindigkeit dem Wolf Rock zugeführt wurde, als nach der Loggrechnung angenommen wurde, oder endlich, dass Beides der Fall war.

Der Schiffer würde vorsichtiger gehandelt haben, wenn er nach dem Erblicken von Pembrocke Feuer dasselbe sofort ganz frei von dem Wolf Rock gebracht hätte, doch kann ihm, weil er dies unterliess, in erheblicher Weise ein Vorwurf nicht gemacht werden.

Die übrigen Anordnungen und Manöver waren correkt, die Berechnungen und Beobachtungen wurden mit anerkennenswerther Sorgfalt angestellt.

55. Spruch des Seeamts zu Rostock vom 8. März 1880, betreffend den Seeunfall der deutschen Kuff „Elisabeth" von Wismar.

Zusammenstoss mit einem unbekannt gebliebenen Schooner und Sinken der »Elisabeth« an der mecklenburgischen Küste.

Der Spruch des Seeamts lautet:

1. dass der in der Nacht vom 30. April zum 1. Mai 1879 in der Ostsee unweit des heiligen Dammes erfolgte Untergang des Schiffes durch eine Collision mit einem unbekannten Gaffelschooner verursacht,
2. dass die Collision lediglich durch ein Zuwiderhandeln der Besatzung des Schooners gegen die reichsgesetzlichen Vorschriften zur Verhütung des Zusammenstosses der Schiffe auf See vom 23. December 1871 veranlasst worden und
3. dass das Verhalten der Besatzung der Kuff sowohl vor als nach der Collision ein durchweg correktes gewesen ist, während sich die Besatzung des Schooners nach der Collision auch einer schweren Verletzung der Kaiserlichen Verordnung vom 15. August 1876 schuldig gemacht hat.

Entscheidungsgründe. I. Die in Wismar beheimathete und zu 54,39 Register-Tons vermessene Kuff »Elisabeth« ist im

Jahre 1850 in Holland aus Eichenholz erbaut und im Jahre 1878 von derem derzeitigen Besitzer, Schiffer L .P. Bos aus Farmsien, an den Schiffer J. Martienssen in Wismar mit gesammtem Inventar für 5 400 ℳ. verkauft worden, welcher sie seitdem geführt hat.

Schiffer Martienssen hat im Jahre 1875 die Schifferprüfung auf grosse Fahrt zu Wustrow mit Auszeichnung bestanden und war alleiniger Eigenthümer der Kuff.

II. Die letzte Reise des Schiffes hatte nach den übereinstimmenden und beschworenen Angaben des Schiffers Martienssen, des Steuermanns Bornhöft und des Jungen Richard Matz, welche die Besatzung desselben bildeten, den nachstehenden Verlauf.

Am 24. April 1879 verliess die Kuff in gutem und dichtem Zustande sowie mit allem Erforderlichen für die Reise ausgerüstet Wismar, um mit einer Ladung von 23 000 Mauersteinen nach Königsberg zu segeln. Die Mauersteine hatten ein Gesammtgewicht von 1 400 bis 1 500 Centner und waren ohne Garnier im Raum derartig verstauet, dass sie in der Mitte höher aufgestapelt waren und die Ladung sich nach hinten und vorne zu abschrägte. Nachdem sie bis zum 30. April ungünstigen Windes halber südlich von Poel vor Anker gelegen, setzte die Kuff an diesem Tage mit flauer Briese aus NW ihre Reise fort. Mittags 12 Uhr ward Gaarzer Kirche in OSO mit sechs Seemeilen Abstand gepeilt. Der Wind war nach OSO herumgegangen, und Abends etwa 8 Uhr wandte sich die Kuff, welche sich damals der Küste bei Gaarz bis auf zwei Seemeilen genähert hatte, über den andern Bug und NO Curs wieder der See zu. Diesen Curs hielt sie die Nacht über fest.

Die Seitenlichter brannten hell. Schiffer Martienssen und Steuermann Bornhöft waren an Deck; der Erstere stand am Ruder, der Letztere auf dem Ausguck, der Jungmann war in der Koje. Bald nach zwei Uhr als sich die Kuff etwa auf 54° 7′ nördlicher Breite und 11° 27′ östlicher Länge befand, tauchte plötzlich 6 Strich an Steuerbord voraus ein grünes Licht auf, und fast gleichzeitig kamen die Segel eines Gaffelschooners iu Sicht, welcher mit NW Curs gerade auf die Kuff zulief. Martienssen und Bornhöft riefen demselben zu, er möge abhalten, gleich darauf erfolgte jedoch die Collision, indem der Schooner mit seinem Steuerbordbug gegen das Steuerbordheck der Kuff anrannte. Der Anprall war heftig, aber beide Schiffe kamen sofort wieder von einander klar, und der Schooner setzte seine Reise fort, ohne sich um die Kuff weiter zu kümmern, welche durch den Stoss mit dem Bug durch den Wind geworfen war und nun nach Süd zu lag. Schiffer Martienssen rief den Jungen an Deck und liess die Pumpen in Gang bringen. Er selbst stieg in den Raum, hörte dort das Wasser deutlich eindringen, konnte den Leck aber nicht finden. Er beschloss den südlichen Curs festzuhalten und sein Schiff wenn möglich auf den Strand zu setzen. Trotz angestrengten Pumpens stieg das Wasser jedoch immer höher im Raum, und als dasselbe Morgens etwa 9½ Uhr bereits auf dem Deck stand, sah sich die Besatzung genöthigt, mittelst ihres Bootes die Kuff zu verlassen, welche bald darauf vor ihren Augen versank. Nach etwa vierstündiger Eahrt landeten die Schiffbrüchigen beim heiligen Damm.

III. Schiffer Martienssen und Steuermann Bornhöft hatten, wie sie versichern, Namen und Heimath des Gaffelschooners nicht zu erkennen vermocht. Da derselbe indess voraussichtlich eine nicht unerhebliche Beschädigung an seinem Steuerbordbug davon getragen haben musste und es nahe lag, dass er in Folge dieser Beschädigung einen mehr nördlichen Curs genommen und damit den nächsten Hafen aufgesucht haben werde, so hat das Seeamt sofort bei den Hafenbehörden zu Nysted und Rödby auf Laland, aber gleichzeitig bei denjenigen zu Burg auf Fehmarn, Grube, Neustadt, Kiel, Travemünde und Heiligenhafen angefragt, ob dort vielleicht ein am Steuerbordbug beschädigter Gaffelschooner in den ersten Tagen des Monats Mai eingekommen sei, was indess überall verneint ward. Auch eine öffentliche, wiederholt in die geeigneten Blätter des In- und Auslandes inserirte Aufforderung des Seeamts ist völlig ohne Resultat geblieben, und so ist es nicht gelungen, den ansegelnden Gaffelschooner zu entdecken.

IV. Bei Beurtheilung des vorliegenden Seeunfalles wird sich das Seeamt

1. zunächst zur Behandlung der Frage wenden müssen, ob etwa die Kuff zu schwer beladen gewesen ist. Diese Frage muss indess entschieden verneint werden; denn die 23 000 Mauersteine, aus denen die Ladung bestand, haben ungefähr pro Stück 6 ℔, also im ganzen 1 400 Ctr. gewogen. Die Kuff aber war zu 154,1 cbm oder 54,39 Register-Tons Netto-Raumgehalt vermessen worden, und das ergiebt nach Massgabe der Schlussbestimmungen der Schiffsvermessungs-Ordnuug vom 5. Juli 1872 (Reichs-Gesetzblatt pro 1872 Seite 289) eine Tragfähigkeit von rund 1 500 Centner. Erwägt man nun, dass die wirkliche Tragfähigkeit der Schiffe die vermessene der Regel nach erheblich übersteigt, und dass dies bei der Kuff

ihrer ganzen Bauart nach, namentlich da sie mit einem flachen Boden versehen war, in erhöhtem Masse der Fall gewesen sein muss, so wird man ein Ladungsgewicht, welches noch nicht einmal das vermessene erreichte, unter keinen Umständen als ein zu grosses bezeichnen können.

2. Die Art der Verstauung der Mauersteine im Schiffsraum giebt dem Seeamt, da sie der allgemeinen Ueblichkeit entsprach, eben so wenig zu Ausstellungen Anlass wie die Stärke der nur aus drei Mann bestehenden Besatzung, welche zur Bedienung eines so kleinen Schiffes vollkommen genügte.

3. Dass sich der Unfall, von welchem die Kuff in der Nacht vom 30. April zum 1. Mai 1879 betroffen worden, wirklich in der Weise ereignet hat, wie er von deren Besatzung dargestellt ist, hat das Seeamt als erwiesen annehmen müssen. Denn ist es gleich einerseits in hohem Grade auffallend, dass es trotz der sofort eingezogenen umfassenden Erkundigungen nicht hat gelingen wollen, den ansegelnden Schooner zu ermitteln, so hat doch andererseits die Besatzung, gegen deren Glaubwürdigkeit nichts vorliegt, ihre Aussagen zeugeneidlich erhärtet und ist endlich durch nichts indicirt, dass die in gutem Stande befindliche, nur schwach beladene Kuff bei dem herrschenden guten Wetter von selbst leck gesprungen und voll geschlagen und so gesunken sein sollte. Wenn demnach als thatsächlich festgestellt zu erachten ist, dass die Kuff von einem fremden Gaffelschooner angesegelt und in Folge dessen leck geworden und gesunken ist, so wird nun zu untersuchen sein, wen die Schuld dieser Collision trifft.

Der Wind war OSO, die Kuff lag mit NO Curs und Steuerbordhalsen dicht am Winde, während der Schooner mit NW Curs fast vor dem Winde segelte, also den Wind raum hatte. Nach Artikel 12 der Kaiserlichen Verordnung zur Verhütung des Zusammenstosses der Schiffe auf See vom 23. December 1871 muss, wenn zwei Segelschiffe den Wind von derselben Seite haben oder eins derselben vor dem Winde segelt, das luvwärts befindliche Schiff dem leewärts befindlichen aus dem Wege gehen. Hatten nun die Kuff und der Schooner beide den Wind von derselben, nämlich von der Steuerbordseite und war unzweifelhaft der Schooner das luvwärts befindliche Schiff, so musste der letztere aus dem Wege gehen. Schiffer Martienssen handelte also vollkommen recht und der reichsgesetzlichen Vorschrift entsprechend, wenn er seinen Curs festhielt und lediglich dem ungesetzlichen Verhalten der Besatzung des Schooners, welche das Ruder hätte nach Steuerbord überlegen und somit einer Wendung nach Backbord ausweichen sollen, ist der Zusammenstoss mit seinen für die Kuff verderblichen Folgen beizumessen.

Die Besatzung des Schooners hat aber nicht allein durch ihr fehlsames Steuermanöver die Collision verursacht, sie hat sich auch einer gröblichen Verletzung der Vorschriften der Kaiserlichen Verordnung vom 15. August 1876 über das Verhalten der Schiffer nach einem Zusammenstoss von Schiffen auf See schuldig gemacht. Nach dieser Verordnung hätte der Führer des Schooners so lange bei der Kuff bleiben müssen, bis er sich Gewissheit darüber verschafft, dass dieselbe keines weiteren Beistandes bedürfe und seine Reise erst fortsetzen sollen, nachdem er mit Schiffer Martienssen Namen, Unterscheidungssignal, Heimaths-, Abgangs- und Bestimmungshafen beider Schiffe ausgetauscht hatte. Wenn er anstatt dessen unbekümmert um das Schicksal der angesegelten Kuff und deren Besatzung seine Reise, ohne auch nur einen Augenblick anzuhalten, fortsetzte, so war dies um so unverantwortlicher, als sein Schiff das grössere und somit die Möglichkeit, dass die Kuff sofort sinken werde, mindestens nicht ausgeschlossen war.

4. Hatte die Besatzung der Kuff, wie vorstehend dargethan ist, bei der Begegnung mit dem Schooner durchaus den gesetzlichen Vorschriften gemäss gehandelt, so kann auch ihr ferneres Verhalten nur als ein correktes bezeichnet werden. Insbesondere war es vollkommen richtig, dass Schiffer Martienssen, nachdem er den schweren Leck seines Schiffes constatirt hatte, sofort beschloss, dasselbe auf den Strand zu setzen, und wenn er gleichwohl mit seiner Mannschaft die Kuff verliess, ehe noch die Strandung gelungen war, so muss anerkannt werden, dass er hierzu durch den Zustand seines trotz angestrengten Pumpens ganz voll Wasser gelaufenen Schiffes gezwungen war.

56. Spruch des Seeamts zu Rostock vom 8. März 1880, betreffend den Seeunfall der Brigg „Ariadne“ von Rostock.

Strandung und Verlust des Schiffes an der jütischen Küste bei Blockhuus.

Der Spruch des Seeamts lautet:

1. dass die am 21. October 1879 an der jütischen Küste bei Blockhuus erfolgte Strandung der Brigg lediglich den heftigen Stürmen und der hohen See zuzuschreiben ist, und

2. dass weder den Schiffer noch die Mannschaft ein Verschulden an diesem Unfall, welcher den gänzlichen Verlust des Schiffes zur Folge hatte, trifft.

Entscheidungsgründe. I. Die Rostocker Brigg »Ariadne«, Inhalts der Registerakten im Jahre 1837 zu Ribnitz aus eichen Holz erbaut und zu 567,5 cbm oder = 200,35 Register-Tons Netto-Raumgehalt vermessen, ward im Jahre 1875 meistbietend mit Inventar für 10 000 ℳ. an den Schiffer Carl Peters zu Ribnitz verkauft, welcher sie bis zuletzt geführt hat. Schiffer Peters hat auf die erste Instandsetzung der Brigg, welche ihm zu etwa 2/3 gehörte, seiner Angabe nach noch etwa 5 000 ℳ. verwendet, und war dieselbe im vorigen Jahre hier in Rockock zu 15 000 ℳ. versichert.

II. Am 27. September 1879 ging die Brigg von Riga aus nach West-Hartlepool in See. Sie war mit hölzernen Planken beladen, welche den ganzen Raum ausfüllten und auch an Deck noch etwa 30″ hoch aufgestapelt waren. Die Mannschaft bestand aus dem geprüften Steuermann Carl Schoof aus Ribnitz, einem Koch, einem Zimmermann, zwei Matrosen, einem Jungmann und einem Jungen, im ganzen aus 7 Personen. Das Schiff war mit allem Erforderlichen, insbesondere mit brauchbaren Seekarten gut ausgerüstet. Widriger Winde halber erreichte man erst am 14. October 1879 Kopenhagen, ankerte dort bis zum 17. October und setzte dann die Reise fort. Am 18. October Morgens ward Skagen Riff passirt. Der Wind war NNO und die Brigg verfolgte den Curs WzN. Die Pumpen schlugen lens. Am 19. October Morgens, als die norwegische Küste schwach in Sicht kam, sprang der Wind nach Süd herum und steigerte sich zum Sturm. Schiffer Peters liess die Segel bis auf die beiden Unter-Marssegel wegnehmen und WzS steuern, um von der norwegischen Küste frei zu kommen. Die See ging sehr hoch, die Brigg stampfte gewaltig, und bald darauf zeigte sich Wasser im Raum, welches mit den Pumpen nicht mehr zu bewältigen war. Nachmittags wehte ein orkanartiger Sturm aus NNW. Damals befand sich die Brigg südlich von Cap Lindesnaes in der Nordsee. Schiffer Peters liess dieselbe mit westlichem Curs über den andern Bug legen. Die ganze Nacht hindurch raste der Sturm und blieb die Mannschaft an den Pumpen. Am 20. October Morgens ward es etwas stiller. Im Raume zeigten sich zwei Fuss Wasser und Vormittags 10½ Uhr hatte man das Schiff lens. Nach etwa 1½ Stunden stand das Wasser indess schon wieder 2 Fuss hoch im Raum. Da jetzt die Mannschaft aber völlig erschöpft war, so sah man sich genöthigt, von weiterem Pumpen abzustehen. Nachmittags 2 Uhr ging der Wind nach Nord und ward die norwegische Küste in NNO gepeilt. Man befand sich um jene Zeit auf 57° 35′ nördlicher Breite und 7° 25′ östlicher Länge. Da es nicht möglich schien, die norwegische Küste zu erreichen, so beschloss der Schiffer Peters nach ab. gehaltenem Schiffsrath Cuxhafen aufzusuchen und liess die Brigg nach SSW wenden. Da jedoch Abends 6 Uhr der Wind nach W umsprang, das Wasser inzwischen im Raum auf 6 Fuss gestiegen war und die fast manövrirunfähige Brigg nicht recht mehr am Winde segeln wollte, liess er sie vor den Wind bringen und ging mit Ost-Curs in das Skagerak hinein. Abends 9 Uhr erhob sich ein orkanartiger Sturm aus NNO und eine furchtbare See kam von allen Seiten. Der dort vorspringenden Riffe halber schien es nicht gerathen, die Brigg, welche jetzt ganz voll Wasser war, an der jütischen Küste auf den Strand zu bringen. Schiffer Peters liess sie daher mit NW Curs an den Wind legen und während der Nacht die Deckslast werfen. Am 21. October Morgens bemerkte derselbe, dass sich die Decksfugen bereits begeben hatten und die Planken und Schotten in der Kajüte von Garnier zu Garnier sich verschoben, so dass ein baldiges gänzliches Aufbrechen des Schiffes zu befürchten stand. Gegen 10 Uhr Vormittags liess er daher die Nothflagge heissen, worauf sich gegen 12 Uhr der Bremer Dampfer »Jupiter«, Schiffer Tarée, der Brigg näherte. Da die Kräfte der Mannschaft zu Ende waren, auch besseres Wetter nicht erwartet werden konnte, und somit jeder weitere Versuch zur Erhaltung des Schiffes und der Ladung aussichtslos zu sein schien, so entschloss sich Schiffer Peters, die günstige Gelegenheit zu seiner und seiner Leute Rettung zu benutzen. Es gelang, das Boot klar zu machen, und Mittags 1 Uhr erreichte die Besatzung glücklich den »Jupiter«, welcher sie Abends 6 Uhr bei Helsingör landete. Von ihren Effekten hatte sie nur die Betten und einige Kleidungsstücke bergen können, das Journal dagegen in der ganz mit Wasser angefüllten Kajüte zurücklassen müssen.

III. Die Brigg war nicht gesunken, sondern am 22. October bei Blockhuus an der jütischen Küste angetrieben. Dort wurden die Raumladung und sämmtliches Inventar geborgen und sodann mit dem Wrack meistbietend verkauft. Für das letztere mit Inventar sind 2911 Kronen, für die Ladung 8028 Kronen aufgekommen,

IV. Die Brigg, obwohl zur Zeit der Strandung bereits 42 Jahre alt, ist nach Versicherung des Schiffers und der Mannschft noch immer verhältnissmässig dicht gewesen. Wie Schiffsbaumeister Meyer in Lübeck und Schiffszimmermann Winspeare zu Hartlepool bestätigt haben, ist sie im Jahre 1876 in Lübeck und 1879 in Hartlepool abgedichtet und kalfatert worden, und hat sie sich damals nach beschaffter Dichtung in seetüchtigem Zustande befunden.

Die auf diesseitige Requisition durch das Kaiserlich deutsche Consulat zu Hjöring veranlasste Besichtigung der bei Blockhuus angetriebenen Wrackstücke durch 2 Sachverständige hat ergeben, dass die Inhölzer durchgehends gut und stark gewesen sind, und haben demnach die Besichtiger erachtet, dass das Schiff sich vor dem Leckspringen noch in einem seetüchtigen Zustande befunden haben werde.

V. Bei Beurtheilung des vorliegenden Falles wird es sich wesentlich um die Erörterung der nachstehenden 4 Fragen handeln:

1. ob die Brigg bei Beginn der letzten Reise noch in seetüchtigem Stande gewesen?
2. wodurch der Leck entstanden?
3. ob die Brigg nicht zu früh verlassen ist und
4. ob Schiffer und Mannschaft überall ihre Schuldigkeit gethan oder durch ihr Verhalten zu dem Verlust des Schiffes beigetragen haben.

ad 1 kann das Seeamt auf Grund der aktenmässigen Ermittelungen nur annehmen, dass die Brigg bei Beginn ihrer letzten Reise in der That noch seetüchtig gewesen ist. Sie war allerdings schon ein altes Schiff, aber sie war sorgfältig erhalten, wofür schon der Umstand spricht, dass der Schiffer sie in den letzten 3 Jahren zweimal hat gründlich abdichten und kalfatern lassen. Ist nun freilich die öftere Kalfaterung allein für den guten Zustand eines Schiffes keineswegs entscheidend und muss vielmehr bei einer gehörigen Dichtung vor allen Dingen die Aufmerksamkeit auch darauf gerichtet werden, ob der Verband noch haltbar ist, und besonders ob die Bolzen, namentlich die eisernen, noch von guter, dauerhafter Beschaffenheit sind, so sind doch derartige Mängel bei der letzten, in Hartlepool beschafften Reparatur nicht hervorgetreten, und aus der bei der Besichtigung in Blockhuus constatirten tadellosen Beschaffenheit der Inhölzer ist der Schluss gerechtfertigt, dass auch der Verband noch durchgehends ein sicherer und haltbarer gewesen sein wird.

ad 2. Dass die Entstehung des Lecks, durch welchen der Verlust des Schiffes verursacht worden, auf den heftigen Sturm zurückzuführen ist, welchen das letztere am 19. October im Skagerak und in der Nordsee zu bestehen hatte, kann nicht zweifelhaft sein. Die See ging sehr hoch, die Brigg muss nothwendig stark geschlengert haben, zumal sie mit Holz beladen war, und unter solchen Umständen springen erfahrungsmässig vielfach auch jüngere Schiffe leck; dass das Leckspringen der »Ariadne« in erster Linie deren höherem Alter zuzuschreiben ist, kann daher nicht ohne weiteres angenommen werden, wie wohl zuzugeben ist, dass Schiffe von dem Alter der »Ariadne« im allgemeinen der Gefahr des Leckspringens in höherem Grade ausgesetzt sind als jüngere Schiffe. Aber auch wenn das Alter derselben zu dem Leck mit beigetragen haben sollte, was, wenn auch nicht erwiesen, so doch immerhin möglich ist, so trifft den Schiffer solcherhalb kein Vorwurf, da die Brigg, wie ad 1 dargethan worden, sorgfältig erhalten war und sich noch in einem seetüchtigen Zustande befand.

ad 3. Als die Besatzung ihr Schiff am 21. October verliess, war dasselbe voll Wasser und in der Auflösung begriffen; die Decksfugen hatten sich bereits begeben, die Planken im Raum und die Schotten in der Kajüte bewegten sich von Garnier zu Garnier. Es war in hohem Grade wahrscheinlich, dass die gänzliche Zertrümmerung desselben nahe bevorstand. Erwägt man daneben, dass die Besatzung schon zwei Tage und zwei Nächte lang mit dem lecken Schiffe gegen Sturm und See angekämpft hatte, ihre Kräfte erschöpft waren und der Eintritt besseren Wetters nicht zu erwarten stand, so muss es vollkommen gerechtfertigt erscheinen, dass sie von der sich ihr bietenden Gelegenheit zur Erhaltung ihres Lebens Gebrauch machte und die Brigg verliess, um sich an Bord des »Jupiter« zu retten.

ad 4. Die letzte Reise der »Ariadne« war von besonders ungünstigen Umständen begleitet. Das Schiff hatte vom 19. October an ohne Unterlass mit schweren Stürmen und hoher See zu kämpfen und dabei wechselte die Windrichtung fortwährend, so dass die im sinkenden Zustande befindliche Brigg rastlos im Skagerak und in der Nordsee hin und her gejagt ward. Gleichwohl verzagte die Besatzung nicht, sondern bot alles auf, was zur Erhaltung von Schiff und Ladung nur irgend dienlich sein konnte. Sie pumpte, nachdem die Brigg leck gesprungen war, bis ihr die Kräfte versagten, dann suchte sie einen Nothhafen zu gewinnen, als dies contrairen Windes halber misslang, bemühte sie sich, das Schiff auf den Strand zu setzen, und als sich auch das nicht ausführbar zeigte, harrte sie muthig aus, bis der völlige Aufbruch der nur noch auf der Ladung schwimmenden »Ariadne« jeden Augenblick erwartet werden musste.

Die Besatzung hat somit ihre Pflicht in vollem Masse erfüllt, und weder dem Schiffer noch der Mannschaft kann ein Verschulden an dem Verlust des Schiffes beigemessen werden, welcher vielmehr lediglich durch elementare Ereignisse verursacht worden ist.

57. Spruch des Seeamts zu Hamburg vom 8. März 1880, betreffend den Seeunfall der deutschen Brigg „Doña Zoyla“ von Hamburg.

Strandung und Verlust des Schiffes an der Südküste der Isle of Wight.

Die in Hamburg heimathberechtigte, zu 441,8 cbm oder 155,97 Register-Tons Netto vermessene Brigg »Doña Zoyla«, Schiffer J. J. Schacht, ist in der Nacht vom 21. auf den 22. December 1879 an der Südwestküste der Insel Wight, ungefähr 4 Seemeilen nordwestlich von St. Catherines Point gestrandet und total verloren gegangen. Das Schiff hatte Ciudad Bolivar am 18. October 1879 mit einer aus acht Mann, einschliesslich des Schiffers, bestehenden Besatzung und voller Ladung verlassen. Auf der Reise war der Zimmermann verstorben. Die übrige Mannschaft befand sich zur Zeit des Unfalles an Bord und ist mit Ausnahme eines englischen Matrosen nach ihrer vor dem Consulat in West-Cowes erfolgten Abmusterung auf hier gekommen und vor dem Seeamte vernommen worden.

Nach Massgabe dieser Aussagen hat sich der Unfall folgendermassen ereignet.

Nachdem die »Doña Zoyla« die Einfahrt zum Kanal am 18. December erreicht hatte, musste sie bis zum Abend des 19. bei östlichen Winden kreuzen. Zu dieser Zeit wurde der Wind südlich, und konnte Schiffer Schacht nunmehr seinen Kanalcurs einhalten. Bei dem Verluste des Journals hat sich ein genaues Besteck aus den bezüglichen, lediglich aus der Erinnerung gemachten Aussagen von Schiffer und Steuermann nicht zusammen stellen lassen. Wesentlich, und von beiden übereinstimmend bezeugt, ist jedoch der Umstand, dass man um 4 Uhr Morgens am 21. December Lizard Feuer ausser Sicht bekommen und von da bis zur Strandung ununterbrochen Ost zu Süd nach dem Compass angelegen habe. Schon in der Nacht vom 20. auf den 21. war es etwas nebelig, doch nahm der Nebel im Laufe des folgenden Tages und zumal in der Nacht des Unfalls fortwährend zu. In Folge dessen sind seit dem Verschwinden der Lizard Feuer irgend welche weitere Küstenpunkte nicht mehr gepeilt worden und ging insbesondere die Hoffnung, Start Point in Sicht zu bekommen, nicht in Erfüllung. Schiffer Schacht, welcher den Abstand, in welchem die »Doña Zoyla« Lizard passirte, auf Grund mehrfacher Peilungen der Lizard Feuer — man behielt dieselben ungefähr zwei Wachen lang, von 8 bis 12 und von 12 bis 4 Uhr in Sicht — bestimmt haben, sich aber des so ermittelten Abstandes nicht erinnern will, war somit genöthigt, nach dem Verschwinden der Lizard Feuer sein Besteck lediglich nach Logg und Compass weiter zu rechnen. Der Wind war südsüdwestlich geworden und war den Tag über ziemlich lebhaft, wenn auch nicht gleichmässig. Die geloggte Fahrgeschwindigkeit des Schiffes am 21. wird vom Steuermann auf durchschnittlich acht Seemeilen in der Stunde angegeben, so dass man sich am Mittag des 21. ungefähr südlich von Start Point 14 Seemeilen Abstand schätzte. Gegen Abend war dann aber der Wind dermassen abgeflaut, dass Schiffer Schacht die Geschwindigkeit des Schiffes in den letzten Stunden vor der Strandung nur auf 2 bis 2½ Knoten angiebt. Um 10 Uhr Abends schätzte sich Schiffer Schacht, welcher um 8 Uhr die Wache vom Steuermann übernommen hatte und sich mit zwei schwedischen Matrosen — der eine am Ruder, der andere auf Ausguck — an Deck befand, nach Besteck südlich von St. Catherines Point 10 bis 12 Seemeilen Abstand. Zwischen 11½ und 12 Uhr hörte man aber bei dickem Nebel, welcher alle Aussicht benahm, plötzlich Brandung voraus. Ein Versuch, das Schiff durch Herunterholen des Klüvers und Anbrassen der Achtersegel von der Küste freizuhalten, misslang, da der Wind zu schwach war. Das Schiff gerieth in die Brandung und wurde ganz dicht unter der hohen Südwestküste der Insel Wight auf die Felsen geworfen. Schon kurz nach Mitternacht musste die Mannschaft ihr Schiff in hoffnungslosem Zustande in dem zu Wasser gebrachten Boot verlassen. Das Journal war vom Steuermann in die Schaluppe gelegt worden, ist aber vermuthlich beim Aussetzen des Bootes, welches in der Brandung heftig gegen die Seite des Schiffes geworfen wurde und in schiefer Lage zu Wasser kam, wieder aus demselben herausgefallen und nicht mit gerettet worden. Erst nachdem man sich mit dem Boote aus der Brandung herausgearbeitet hatte, wurde man einen schwachen Schimmer gewahr, auf welchen man zuhielt und welchen man dann erst aus nächster Nähe als von dem Leuchtfeuer auf St. Catherines Point ausgehend erkannte. Die Rettung der Besatzung erfolgte am nächsten Morgen durch englische Rettungsmannschaft von einem in derselben Nacht in der Nähe der »Doña Zoyla« gestrandeten spanischen Schiffe aus, an welches die Mannschaft der »Doña Zoyla« nach Tagesanbruch mit ihrem Boote herangelegt hatte. In thatsächlicher Beziehung bleibt noch hervorzuheben, dass Schiffer Schacht auf seiner letzten um 8 Uhr beginnenden Wache zwei Mal, und zwar um 10 und um 11 Uhr das Loth geworfen haben und das erste Mal 18 bis 19 Faden, das zweite Mal 17 Faden ermittelt haben will.

Unter Zugrundlegung des vorstehenden Thatbestandes wird man die Ursache der Strandung der »Doña Zoyla« übereinstimmend mit der von Schiffer Schacht geäusserten Ansicht in einer dem Schiffe zu Theil gewordenen Stromversetzung erblicken müssen.

Wenn auch dahinsteht, in welchem Abstande die »Doña Zoyla« Lizard passirte — die Aussage des Steuermanns, dass er, als man Lizard Feuer aus Sicht verloren habe, die Entfernung von demselben auf nur 14 Seemeilen in nordwestlicher Peilung geschätzt habe, lässt es wahrscheinlich erscheinen, dass die »Doña Zoyla« ziemlich nahe unter Lizard passirt sein wird — so musste doch der Ost zu Süd (rechtweisend ungefähr Ost zu Nord) Curs, welchen Schiffer Schacht von dort aus anliegen liess, die »Doña Zoyla,« abgesehen von einer Stromversetzung, unter allen Umständen von der Küste freihalten. Die Stromversetzung des Schiffes findet aber in zwei Ursachen ihre genügende Erklärung. Einmal lassen schon die damals seit einer Reihe von Tagen herrschenden südöstlichen bis südwestlichen Winde die Annahme einer an die englische Küste heransetzenden Strömung nicht ausgeschlossen erscheinen, vor Allem ist aber mit Gewissheit anzunehmen, dass in den Abendstunden des 21. December ein während der Fluthzeit in die Needles einsetzender Strom auf das Schiff gewirkt und dasselbe in nördlicher Richtung versetzt hat. Es kommt hierbei in Betracht, dass Schiffer Schacht nahezu während der ganzen letzten Wache

Fluth gehabt hat. Das Schiff war aber den Wirkungen des Fluthstroms um so mehr preisgegeben, als es auf der letzten Wache bei sehr schwachem Winde nur 2 bis 2½ Knoten Fahrt machte. Dass die von Schiffer Schacht auf seiner Wache zu den angegebenen Zeiten durch Werfen des Loths ermittelten Tiefen der wirklichen Wassertiefe an den jeweiligen Standorten des Schiffes entsprachen, erscheint sehr wohl möglich, wenngleich der Umstand, dass Schiffer Schacht das grosse, an der schweren Leine befestigte Loth allein gehandhabt haben will, hinsichtlich der Zuverlässigkeit der von ihm vorgenommenen Lothungen Bedenken erregen kann. Ferner ist zu Gunsten des Schiffers darauf hinzuweisen, dass er durch das Resultat seiner Lothungen auf ein Abweichen seines Schiffes von dem richtigen Curse nicht nothwendig aufmerksam zu werden brauchte, da die Tiefen in der Gegend, wo er sich zu jener Zeit nach Besteck vermuthete, nämlich ungefähr südlich von St. Catherines Point, in aufallender Weise schwanken und er die von ihm ermittelten Tiefen vermuthlich auch dann gelothet haben würde, wenn die Position seines Schiffes mit dem Besteck übereingestimmt hätte. Da aber Schiffer Schacht sich nach Sachlage sagen musste, dass die Lothungen, zumal wenn sie nicht häufiger vorgenommen wurden, als es am 21. December auf der »Doña Zoyla« geschehen ist, ihm eine sichere Bestätigung für die Richtigkeit seines Bestecks nicht gewähren konnten, und da er überdies durch eine sorgfältige Berücksichtigung des in den Segelanweisungen für den englischen Kanal über die in die Needles einsetzende Strömung Gesagten auf die M ö g l i c h k e i t einer seinem Schiffe im Laufe des Abends zu Theil werdenden Stromversetzung in nördlicher Richtung gefasst sein musste, er sich ferner auch nicht verhehlen durfte, dass das stündlich bis zweistündlich vorgenommene Loggen ihm bei der ungleichmässigen Windstärke einen sicheren Anhalt zur Ermittlung der von seinem Schiff gesegelten Distance nicht bot, so würde er vorsichtiger gehandelt haben, wenn er, zumal auch in Anbetracht des während des ganzen Tages herrschenden und am Abend noch zunehmenden Nebels, einen etwas südlicheren Curs gehalten hätte, was bei dem herrschenden südsüdwestlichen Winde sehr wohl angängig war.

Es kann übrigens auch nicht ausser Acht gelassen werden, dass allem Vermuthen nach auch der von Schiffer Schacht am 21. December aufgegebene Curs OzS nicht strenge inne gehalten worden ist, vielmehr anzunehmen steht, dass bei den herrschenden frischen südlichen Winden, um der Luvgierigkeit des Schiffes zu begegnen, wenigstens zeitweilig ein, wenn auch nur um ein geringes nördlicherer Curs gehalten worden ist, ein Umstand, der es um so erklärlicher erscheinen lässt, dass das Schiff am Abend und zwar vermuthlich schon seit dem Passiren von St. Albans Head in die nach den Needles zusetzende Fluthströmung hineingerieth. Als vorsichtiger Schiffer hätte Schiffer Schacht aber auch auf diesen Umstand Rücksicht nehmen müssen.

Das Seeamt giebt hiernach seinen Spruch dahin ab:

Die am 21. December 1879 gegen Mitternacht an der Südwestküste der Insel Wight erfolgte Strandung der »Doña Zoyla« ist eine Folge des dicken und nebligen Wetters und der auf das Schiff gewirkt habenden und vom Schiffer unberücksichtigt gelassenen Strömungen gewesen; hätte aber vermieden werden können, wenn Schiffer Schacht einen etwas südlicheren Curs, als den von ihm aufgegebenen OzS Curs gesteuert hätte.

Doch ist das Seeamt der Ansicht, dass Schiffer Schacht, welcher den allgemein üblichen und für normale Verhältnisse auch durchaus angemessenen Kanalcurs hielt, ein ernstlicher Vorwurf in Bezug auf den stattgehabten Unfall nicht trifft.

58. Spruch des Seeamts zu Stralsund vom 11. März 1880, betreffend den Seeunfall der deutschen Bark „Gut Heil“ von Greifswald.

Strandung und Verlust des Schiffes an der Küste von Bornholm bei Swaneke.

Der Spruch des Seeamts lautet:

dass der Seeunfall, durch welchen die Bark »Gut Heil« am 19. April 1879 bei Swaneke auf Bornholm gestrandet und zerschellt ist, durch die Kraft des Nordost-Orkans in Verbindung mit der Südwestströmung verursacht worden ist, und dass ein Verschulden des Schiffers oder Steuermanns an dem Umfalle nicht hat festgestellt werden können und deshalb keine Veranlassung vorlag, dem Schiffer die Befugniss zur Ausübung seines Gewerbes zu entziehen.

Gründe. Am 19. April 1879 ist die Bark »Gut Heil« bei Swaneke an der Nordostküste der Insel Bornholm gestrandet und zerschellt.

Das Schiff ist in den Jahren 1860/61 in Greifswald erbaut worden, hatte einen Netto-Raumgehalt von 729,6 cbm oder 257,55 britischen Register-Tons und gehörte verschiedenen Rhedern. Unter Führung des Schiffers Gottfried Wallis und mit einer Besatzung von acht Mann war das Schiff mit einer vollen Ladung Balken und Planken am 16. April 1879 von Memel nach Dover in See gegangen. Es wurde bei O und später NO Wind mit W, dann WzN Curse gesegelt und am 18. April Morgens 2½ Uhr Oeland Feuer auf sechs Seemeilen Abstand im Westen gepeilt, und zwar verschiedene Male. Von da ab wurde der NO Wind orkanartig, die Luft dick mit Regen und Schnee. Es wurde bis sieben Uhr Morgens WSW zehn Seemeilen gesteuert, dann über Steuerbordbug beigedreht. Das Schiff trieb SzO zehn Seemeilen hin. Um elf Uhr Vormittags wurde über Backbordbug gehalst, und das Schiff trieb West hin bei 15 Seemeilen stündlicher Fahrt, das Schiff führte nur die beiden dicht gereffte Untermarssegel.

Bei Tagesanbruch am 19. April um 3½ Uhr erblickte der Schiffer durch Schnee und Regen hindurch in Lee Land und Brandung und bald darauf, nachdem alle Mann an Deck beordert und noch Klüver- und Brigg-Segel beigesetzt waren, stiess das Schiff mit aller Kraft auf Klippen. Da von Land aus die Gefahr nicht bemerkt zu werden schien, schwamm der Schiffer an Land und weckte die Strandbewohner. Durch die Strandwache war inzwischen der Rettungsapparat herbeigeschafft, durch welchen die Besatzung kurz vor der Zertrümmerung des Schiffes gerettet wurde.

Zur Zeit der Strandung sollte nach dem Besteck das Schiff 36½ Seemeilen NO½O von der Strandungsstelle stehen. Eine so starke südwestliche Versetzung — 36½ Seemeilen in 24 Stunden — ist nur dadurch zu erklären, dass das Schiff bei starker südwestlicher Strömung lediglich vor dem Nordost-Orkan getrieben ist. Da das Schiff nur sehr wenig Segel — beide dichtgereffte Marssegel — geführt hat, so ist es wohl möglich, dass es gar nicht vorwärts gekommen, sondern nur seitlich getrieben ist.

Dem Schiffer aus dem Umstande, dass er so wenig Segel beigesetzt, einen Vorwurf zu machen, lag kein Grund vor; der orkanartige Sturm gebot Vorsicht, und wenn dieselbe vielleicht etwas übertrieben war, so wurde sie doch erst durch die starke

Strömung verhängnissvoll, welche der Schiffer nicht in Rechnung ziehen konnte. Auch darin hat der Schiffer nur vorsichtig gehandelt, dass er seinen anfänglichen Curs stark nördlich nahm, jedenfalls ist dieser Umstand aber für den Unfall bedeutungsvoll gewesen. Nach allem diesem war ein Verschulden des Schiffers oder des Steuermanns, welcher lediglich unter Leitung des Schiffers gestanden, nicht nachzuweisen und lag mithin auch kein Grund vor, die Concessionsentziehung gegen den Schiffer auszusprechen.

59. Spruch des Seeamts zu Stralsund vom 11. März 1880, betreffend den Seeunfall der Schaluppe „Bertha" von Barth.

Strandung und Verlust des Schiffes an der Nordspitze der Insel Fünen auf Lillegrund.

Der Spruch des Seeamts lautet:

dass der Seeunfall, durch welchen die Schaluppe »Bertha« am 18. November 1879 auf Lillegrund an der Nordspitze Fünens aufgelaufen und demnächst gesunken, durch elementare Ereignisse verursacht worden ist und dass ein Verschulden des Schiffers nicht hat festgestellt werden können.

Gründe. Am 18. November 1879 Vormittags gegen 11 Uhr ist die Schaluppe »Bertha« von Barth auf der Reise von Kollundborg nach Lübeck unter Führung des Schiffers Burmeister auf Lillegrund (Insel Fünen) gestrandet und gesunken. Der Schiffer und der einzige Schiffsmann, Namens Schwebke, sind durch die dänische Jacht »Helga« gerettet. Sämmtliche Schiffspapiere sind verloren gegangen.

Das im Jahre 1875 erbaute Fahrzeug hatte einen Netto-Raumgehalt von 92,8 cbm oder 32,76 britischen Register-Tons, war Eigenthum des Schiffers Burmeister und beim Versicherungs-Verein für Küstenschiffe des Kreises Franzburg mit 6 900 M. versichert.

Die Reise wurde mit einer losen Ladung Roggen von 1 150 Ctr. bereits am 15. November 1879 angetreten, ein harter Sturm nöthigte aber den Schiffer noch in der Kollundborger Bucht wieder umzukehren und bis 17. Morgens bei Kollundborg vor Anker zu gehen. An diesem Tage segelte das Schiff bei Ostbriese aus der Kollundborger Bucht, hatte aber im grossen Belt gegen eine starke Südströmung zu kämpfen, so dass es Abends zwischen der Nordspitze Fünens und der Insel Romsö unter Land vor Anker ging.

Am Morgen des 18. November wurde bei harter SO Briese unter kleinen Segeln OzN gesteuert, um Kollundborg wieder zu erreichen; es gelang dies nicht und ging der Schiffer, als Refnaes in Sicht kam, über Stag, um möglicher Weise die Bucht von Odense zu erreichen. Um 10½ Uhr bekam der Schiffer einen Pricken zu sehen, das Loth zeigte aber noch 8 Faden und glaubte der Schiffer auch nach der Distanz vom Grunde freizugehen, als plötzlich nur 5 Faden gelothet wurden und gleich darauf das Schiff durchsetzte. Beim Durchsetzen ging das Ruder weg und die See setzte das Schiff höher auf den Grund. Es wurde das Grosssegel heruntergeviert und versucht, ob das Schiff nicht drehen wollte. Um 2 Uhr kam Hülfe von der »Helga«, es gelang aber nicht, das Schiff vom Grunde zu bekommen. Bei den Pumpen fanden sich 2 Fuss Wasser, auch wurden dieselben unklar. Da die Kajüte halb voll Wasser war und es dunkel wurde, so warf der Schiffer das Anker mit 15 Faden fort und begab sich mit dem Bestmann an Bord der »Helga« nach Odense.

Am nächsten Tage ging der Schiffer nochmals zum Schiffe zurück. — Wegen Hebung des Schiffes sind Unterhandlungen mit einem Kopenhagener Bergungsdampfer im Gange.

Nach diesem aus der vom Schiffer und Bestmann eidlich erhärteten Verklarung entnommenen Sachverhalte hat die Ursache des Seeunfalls nur darin gefunden werden können, dass der Schiffer wegen des widrigen harten Windes und der erheblichen Südströmung, welche das Einlaufen in den grossen Belt verhinderte, gezwungen war, schutzsuchend die Bucht von Odense anzulaufen, dass er durch die Strömung näher an den Lillegrund versetzt war als er vermuthen konnte und dass es, als er durch den »Pricken« gewarnt wurde, zu spät war, um vom Grunde freizukommen.

Ein Verschulden hat das Seeamt in dem Verhalten des Schiffers nicht finden können.

60. Spruch des Seeamts zu Stralsund vom 11. März 1880, betreffend den Seeunfall der Brigg „Hellas" von Greifswald.

Schiff in der Nähe der Greifswalder Oie gestrandet, demnächst wieder abgebracht.

Der Spruch des Seeamts lautet:

dass der Seeunfall, durch welchen die Brigg »Hellas« am 24. December 1879 auf Greifswalder Oie gestrandet und leck geworden, durch irrthümliche Peilung des Königstuhls und durch das neblige Wetter verursacht worden ist, dass dem Schiffer oder Steuermann ein Verschulden an dem Unfalle nicht zuzurechnen und daher keine Veranlassung vorgelegen, dem Schiffer Kornehl die Befugniss zur Ausübung seines Gewerbes zu entziehen.

Gründe. Am 24. December 1879 Vormittags gegen 11 Uhr ist die in Greifswald heimathberechtigte Brigg »Hellas« auf der Nordseite des Oie'er Riffs bei dichtem Nebel auf Grund gerathen.

Das Schiff, welches in den Jahren 1857/58 in Greifswald erbaut ist und 649,7 cbm Brutto-Raumgehalt hat, war unter Führung des Schiffers Kornehl auf der Reise von Bonness nach Greifswald mit einer Ladung Kohlen begriffen.

Die Reise war am 16. December 1879 angetreten und ohne besondere Vorfälle bis zum 24. desselben Monats fortgesetzt. Am Morgen dieses Tages wurde um 3, 4 und 4½ Uhr Arcona-Feuer gepeilt, zuletzt in WNW in fünf Seemeilen Abstand. Um 9 Uhr Vormittags peilte der Schiffer, als das Wetter etwas sichtig wurde, die Kreidefelsen von Jasmund-Königstuhl in WNW ca. fünf Seemeilen Abstand. Gegen 11 Uhr Vormittags stiess das Schiff plötzlich achtern und stand trotz des sofortigen Versuchs zum Abfallen fest; es sass besonders Mittschiffs auf Steinen. Die bis zum 25. December Mittags fortgesetzten Versuche, das Schiff durch Segelmanöver, Auswerfen der Ladung und Abtauen flott zu machen, blieben erfolglos; erst mit Hülfe des am 25. December Abends 10 Uhr an der Strandungsstelle anlangenden Bergungsdampfers »Sequens« wurde die Abtauung dss Schiffes und die Bergung in den Hafen von Swinemünde gegen 11 500 ℳ Bergelohn bewirkt. Die Beschädigungen, welche das Schiff erlitten, sind noch nicht festgestellt, es war aber stark leck, so dass es 1¾ Zoll Wasser per Stunde machte, und das Hinterschiff zitterte während des Schleppens stark, so dass eine Beschädigung des Kiels wahrscheinlich.

Wenn die Peilung von Arcona Feuer als richtig angenommen wird — und es kann dies wohl unbedenklich, da es dreimal gepeilt worden ist, — so ergiebt die Absetzung der Segelcurse auf der Karte, dass sich das Schiff um 11 Uhr Vormittags auf der Strandungsstelle befinden musste. Aber nach Angaben des Schiffers hat er geglaubt, sich noch nicht so weit südlich zu befinden, weil er nach der Peilung des Königstuhls sein Besteck berichtigt hat, indem er es fünf Seemeilen nördlicher versetzte. Nach dem Besteck befand er sich um 9 Uhr Vormittags 12 ½ Seemeilen weiter, als die Peilung von Königstuhl ergab. Der Schiffer will mit Bestimmtheit die beiden Kreidefelsen erkannt und die Unrichtigkeit des Bestecks mit dem flauen, flatternden Winde erklärt haben. Es kann nicht zweifelhaft sein, dass der Schiffer sich in der Peilung vom Königstuhl geirrt und irgend einen andern hohen Küstenpunkt oder vielleicht eine Luftspiegelung mit dem Königstuhl verwechselt hat. Es ist dies auch wahrscheinlich, da der Tag kaum angebrochen und die Luft neblig und undurchsichtig war.

Dem Schiffer Kornehl daraus einen Vorwurf zu machen, dass er sich auf sein Gesicht mehr als auf sein Besteck verlassen zu können glaubte, lag kein Grund vor. Die Felsen des Königstuhls sind so markant, dass der Schiffer Kornehl, wenn — wie man dies doch annehmen muss — dieselben sicher zu erkennen glaubte, recht handelte, dass er sein Besteck darnach berichtigte. Dass dann der — auch nach dem Berichte des Thiessower Lootsenkommandeurs — während des ganzen Vormittags am 24. herrschende dichte Nebel die Orientirung nach anderen Landmarken und damit die Berichtigung des Irrthums hinderte, kann dem Schiffer nicht zur Last gelegt werden. Wohl aber muss anerkannt werden, dass der Schiffer Kornehl nach dem Unfalle seine volle Schuldigkeit gethan und alles Mögliche und Zweckdienliche angewandt hat, um die Folgen des Unfalles zu beseitigen. Das Seeamt hat deswegen in dem Verhalten des Schiffers keinen Grund finden können, ihm diejenigen Eigenschaften abzusprechen, welche zur Ausübung seines Gewerbes erforderlich sind, und hat deswegen, wie geschehen, seinen Spruch abgegeben.

61. Spruch des Seeamts zu Stralsund vom 11. März 1880, betreffend den Seeunfall des Schooners „Minna“.

Schiff bei Kaurö an der Westküste von Schweden gestrandet und total verloren gegangen.

Der Spruch des Seeamts lautet:

dass der Seeunfall, durch welchen der Schooner »Minna«, Schiffer Saatmann, am 1. Januar 1880 bei Kaurö an der schwedischen Westküste auf Strand gerathen und wrack geworden, durch Verwechselung der norwegischen Küstenpunkte, sowie durch Stromversetzung verursacht worden ist und dass ein Verschulden des Schiffers oder des Steuermanns an dem Unfalle nicht hat festgestellt werden können.

Gründe. Der in Barth heimathberechtigte Schooner »Minna« ist am 1. Januar 1880 bald gegen 7 Uhr Nachmittags auf der Reise von Charlestown St. Austell nach Gothenburg an der Westküste Schwedens südlich von Kaurö auf Törnskär Strand gestrandet und wrack geworden.

Das Schiff, welches in den Jahren 1877/78 erbaut war, einen Brutto-Raumgehalt von 337,8 cbm hatte, im Alleineigenthum des Schiffers Saatmann stand und für 30600 ℳ beim Barther Schiffsversicherungsverein versichert war, hatte unter Führung seines Eigenthümers mit einer Besatzung von fünf Mann St. Austell am 18. December 1879 mit einer Ladung Pfeifenthon verlassen, war am selben Tage wegen schwerer Oststürme in Fowey eingelaufen und hatte dort bis 22. desselben Monats gelegen. Die Reise durch den Kanal und die Nordsee wurde ohne weitere Vorkommnisse zurückgelegt. — Am 31. December Vormittags 8 Uhr wurde Lindesnäs Feuer auf 22 Seemeilen Abstand in NWzN gepeilt, und nahm der Schiffer nun den Curs auf die jütische Küste (SOzO). — Am 1. Januar Nachmittags 4 Uhr rechnete sich der Schiffer mit seinem Besteck innerhalb des Feuerkreises des Hirtshals Feuers und erblickte auch nach 1/2 Stunde im SO auf acht Seemeilen Abstand ein Blinkfeuer. Es stürmte schwer bei Nebel und Regen. Um 6 Uhr wurde dasselbe Feuer in SW erblickt, gleichzeitig aber längs Steuerbordseite Land. Es wurde sogleich gehalst, aber nach 10 Minuten schon stiess das Schiff auf Grund; nachdem der Klüver aufgehisst und back gebrasst, trieb das Schiff von Grund ab, bevor aber das Schiff über den andern Bug gebracht werden konnte, stand es auf der

Klippe fest. Segelmanöver zum Flottmachen des Schiffes waren vergebens. Das Schiff war erst noch dicht, von 9 Uhr ab machte es schnell Wasser, so dass um 10 Uhr bereits das halbe Deck unter Wasser lag und bald darauf, nachdem sich die Besatzung auf die Klippen gerettet, das Schiff bis zu den halben Masten unter Wasser sank. So, und mit dem Vordertheil nach Südwest liegend, wurde es auch von der amtlich ernannten Wrackkommission gefunden und für total wrack erklärt. Wrack und Ladung wurden dann in öffentlicher Auction verkauft.

Da das Journal mit sämmtlichen Schiffspapieren bei der Strandung verloren gegangen ist, so ist dieser Sachverhalt durch die von dem Schiffer und einem Theil der Mannschaft eidlich abgelegte Verklarung ermittelt worden. Nach Absetzung der von Lindesnäs ab nach der Verklarung gesteuerten Curse auf der Karte konnte sich allerdings Schiffer Saatmann am 1. Januar Nachmittags 4 Uhr in Sicht von Hirtshals Feuer rechnen. Er hat dieses Feuer aber in der That nicht gesehen, da er 1½ Stunden später nahe der schwedischen Küste war. Das von dem Schiffer um 4½ Uhr erblickte Feuer ist zweifellos das Blinkfeuer von Paternoster gewesen, welches von der Strandungsstelle in SW liegt, also von dem Schiffer auch kurz vor der Strandung in dieser Richtung gesehen werden musste. Dass diese Verwechselung des Paternoster Feuer mit Hirtshals Feuer die nächste Ursache der Strandung gewesen, kann nicht zweifelhaft sein, die eigentliche Ursache muss aber weiter zurückgesucht werden. Selbst wenn die Wirkung der westlichen Strömung, namentlich während das Schiff am Nachmittage des 31. December und am Morgen des 1. Januar in Windstille trieb, in Rechnung gezogen wird, kann eine Stromversetzung das Schiff nicht in so kurzer Zeit so weit östlich geführt haben. Die Peilung von Lindesnäs Feuer muss deswegen schon eine irrige gewesen sein und dasselbe muss mit einem der östlich gelegenen Feuer — vielleicht einem der Feuer an der Christiansand-Föhrde — verwechselt sein. Dies ist um so wahrscheinlicher, als der Schiffer das Feuer auf 22 Seemeilen, also im äussersten Lichtkreise gepeilt haben will, auch genauere Daten, welche die Richtigkeit der Peilung bestätigen, in der Verhandlung nicht angeben konnte. Die Entscheidung der Fragen, ob die Verwechselung der Feuer oder die nicht gehörige Beachtung der Strömung oder etwa die unterlassene Lothung dem Schiffer als Verschulden zur Last gelegt werden müsse, hat zur Verneinung derselben geführt.

Abgesehen von der nicht festgestellten Verwechselung des

Lindesnäs Feuers ist die Verwechselung des Paternoster Feuers mit dem Hirtshals Feuer entschuldbar. Beide Feuer sind in sofern ähnlich, als das erstere alle 90 Sekunden einen Blink von 25—30 Sekunden Dauer zeigt, das letztere alle 4 Minuten einen Blink von 11 Sekunden, darin aber verschieden, dass das Hirtshals Feuer ca. drei Minuten lang ein festes Feuer zeigt. Es ist wegen des stürmischen, nebeligen, regnichten Wetters wohl erklärlich und glaublich, dass der Schiffer immer nur auf kurze Zeit das Feuer gesehen und deswegen nicht genauer dasselbe hat beobachten können. Die Strömung hat der Schiffer nach der Verklarung in Rechnung gezogen, freilich nicht ausreichend. Bei den ohne erkennbare Ursache wechselnden Strömungen im Skagerack ist eine solche Berechnung stets ungenau und deshalb die Verrechnung entschuldbar.

Was die Lothung anbetrifft, so muss allerdings dem Schiffer der Vorwurf gemacht werden, dass er nur ein Handloth an Bord gehabt und darnach den Lothungsapparat nicht in genügenden Stand gehalten hat. Ob eine Lothung überhaupt stattgefunden hat, ist zweifelhaft; in der Verklarung ist nichts davon gesagt; der Steuermann weiss ebensowenig, wie der als Zeuge eidlich vernommene Matrose Dose etwas davon, der Schiffer behauptet in dem Verhandlungstermine, dass er in Sicht von Hirtshals Feuer 25—26 Faden gelothet habe. Die Aufklärung dieses Umstandes erschien dem Seeamte nicht wesentlich und deswegen die Vereidigung des Schiffers nicht nothwendig, da bei der Mangelhaftigkeit des Lothapparats und der Tiefenverhältnisse nahe der schwedischen Küste ein Lothversuch die Unrichtigkeit des Bestecks nicht würde aufgeklärt und darnach die Strandung nicht würde verhindert haben. Es kann deswegen diese unterlassene oder mangelhaft ausgeführte Lothung als mitwirkend bei dem Strandungsunfalle nicht in Rechnung gezogen werden.

Aus diesen Gründen hat das Seeamt, wie geschehen, seinen Spruch abgegeben.

62. Spruch des Seeamts zu Brake vom 12. März 1880, betreffend den Seeunfall der deutschen Bark „Schiller" von Elsfleth.

Schiff im Kattegat in Folge Stossens auf einer Klippe leck geworden und gesunken.

Die deutsche Bark »Schiller«, Schiffer Hinrich Friedrich Logemann, Unterscheidungssignal NFBG, Heimathshafen Elsfleth, erbaut 1872 und zu 395,66 Register-Tons vermessen, war am 4. October 1879 von Java mit einer Ladung Zucker von netto 450 Tons, bestimmt nach Falmouth für Order, abgegangen und befand sich, nachdem es Order nach Landskrona erhalten, am 17. Februar 1880 im Kattegat, ohne dass auf der Reise bis dahin irgend etwas von Bedeutung vorgefallen war. An dem letztgenannten Tage Morgens 8 Uhr wurde Niddingen Feuer nördlich von Warberg südöstlich gepeilt, um 10 $^1/_2$ Uhr der erstere Punkt NNO per Compass in der Kimme verschwindend, und schätzte man den Abstand auf ungefähr 12 Seemeilen. Die Luft wurde dann dick von Schneegestöber und der Wind stürmisch aus SO; von nun an konnten daher keine Beobachtungen und Peilungen mehr gemacht werden. Das Schiff lag beigedreht unter Sturmsegeln, nachdem um 1 Uhr auch die Fock hatte festgemacht werden müssen. So lag das Schiff bis Abends über Steuerbordbug, und glaubte Schiffer Logemannn sich nach Ausweis der gelotheten Tiefen zwischen Kobbergrund und Anholt zu befinden. Es herrschte um diese Zeit starker Schneesturm aus SSO. Um 8 Uhr wurde über Backbord gehalst und von nun an bis Mitternacht eine Wassertiefe von 35 Faden gelothet. Um 12 Uhr Nachts übergab Schiffer Logemann dem Steuermann die Wache mit dem Auftrage, regelmässig zu lothen, und ihn sofort zu wecken, sobald die Wassertiefe abnähme. Er zog eine in der Richtung des Windes laufende Strömung von etwa 2 $^1/_2$ Seemeilen die Stunde in Rechnung und glaubte so langsam der Fladen-Bank zuzutreiben. Bis 2$^3/_4$ Uhr blieb die Wassertiefe dieselbe, dann fand man 25 Faden. Der Steuermann weckte nun sogleich den Schiffer, aber während er noch in dessen Kajüte war, stiess das Schiff auf. Nachdem es 5 bis 6 Mal gestossen, den Fortgang aber nicht ganz verloren hatte, brachte man es vor den Wind, es machte aber gleich viel Wasser, welches rasch zunahm, und wurden beide

Pumpen in Gang gesetzt. Als man $1/2$ Stunde gepumpt hatte, begann das Schiff zu sinken, und blieb der Besatzung kaum noch Zeit, sich in ein Boot zu retten. Gleich nachdem sie das Schiff verlassen hatte, sank dasselbe gänzlich, wie man an dem Verschwinden der Seitenlichter wahrnahm. Die Besatzung landete auf der Insel Wangoe; noch am selben Tage suchte sie das Wrack wieder auf, fand aber nur die Toppen der Masten aus dem Wasser ragen, und wurde nun festgestellt, dass man auf die Untiefen bei Tistlame gerathen war.

Der vorstehende Hergang ist festgestellt nach der am 21. Februar 1880 beim deutschen Consulate zu Gothenburg abgelegten Verklarung und der übereinstimmenden Aussage des grössten Theils der Besatzung vor dem Seeamte.

Es ergiebt sich daraus, dass der Unfall lediglich dem schlechten Wetter und einer Strömung, welche das Schiff stark nordöstlich trieb, zuzuschreiben ist. Diese Strömung konnte von dem Schiffer mit Rücksicht auf die durchaus unregelmässigen Strömungen im Kattegat gerade bei dem herrschenden starken Sturm nicht genau in Rechnung gezogen werden, und war er zur Orientirung lediglich auf das Loth angewiesen. Dass das Loth fleissig gebraucht ist, erhellt aus den übereinstimmenden Zeugenaussagen. Zwar erscheint es wahrscheinlich, dass das Schiff bei der letzten Peilung von Niddingen sich nicht so weit südlich von diesem Punkte befand, als Schiffer Logemann annahm, aber auf den Verlauf des Unfalls hat diese Schätzung keinen Einfluss gehabt, und ein Vorwurf gegen den Schiffer ist vollends darin nicht zu finden. Auch durch das Lothen den Schiffsort genauer zu bestimmen, muss in den hier fraglichen Gewässern für unmöglich erachtet werden.

Darauf geht der Spruch des Seeamts dahin:

> Der Verlust des Schiffes »Schiller« ist lediglich durch schlechtes Wetter, welches eine andere Orientirung als durch das Loth nicht zuliess, und durch eine aussergewöhnlich starke, nicht zu berechnende Strömung herbeigeführt, und trifft den Schiffer oder den Steuermann des Schiffs dabei keinerlei Vorwurf.

63. Spruch des Seeamts zu Stettin vom 13. März 1880, betreffend den Seeunfall der Schoonerbark „Bertha" von Stettin.

Strandung des Schiffes in Folge Brechens der Ankerketten bei Santa Anna im mexicanischen Meerbusen.

Der Spruch des Seeamts lautet:

dass die Strandung der Schoonerbark »Bertha« (JBMD) am 18. October 1879 auf der Rhede von Santa Anna (mexicanischer Meerbusen) durch einen Orkan aus NNW verursacht worden ist, gegen welchen es nach Lage der Sache keine Hülfe gab.

Gründe. Das Schiff »Bertha« ist im Jahre 1851 bis auf das Deck und die Rundhölzer, welche fichten, aus Eichenholz in Kravelart gebaut, hatte drei Masten, war als Schoonerbark getakelt, hatte einen Nettoraumgehalt von 570,8 Kubikmeter oder 201,49 britischen Register-Tons, gehörte zu ¾ dem Kaufmann Hermann Friedrich Poll (in Firma Friedrich Poll) dessen Part in Höhe von 14 100 Mark für rückständige Kaufgelder verpfändet war, und zu ¼ dem Schiffscapitän und Führer des Schiffs A. Johannes Weinrowski. Klassificirt war das Schiff zuletzt im Jahre 1878 im französischen Veritas 5/6 1. 1. auf fünf Jahre und versichert nach einer Taxe von 52 000 ℳ. mit 39 000 ℳ. Die Mannschaft bestand ausser Schiffer und Steuermann aus vier Personen.

Am 2. October 1879 war das Schiff in wohl ausgerüstetem, festen und guten Zustande nach 20tägiger glücklicher Fahrt in Ballast von Montejo Bay — Jamaica — nach Santa Anna gekommen, um dort Mahagoni-Holz Blöcke zu laden und war auf der Rhede von Santa Anna auf 7 Faden Wasser mit 45 Faden Kette vor Anker gegangen. Am 6. October war das Löschen der Ladung beendigt und begann die Uebernahme der Ladung, welche jedoch langsam von statten ging, weil das Wetter rauh und veränderlich war, so dass bis zum 17. October erst etwa 188 Tons von der Ladung an Bord war. Ob, beziehungsweise zu welchem Betrage diese Ladung versichert gewesen ist, hat nicht ermittelt werden können.

Am 17. October Abends fing es an, aus N zu wehen und ging die See jeden Augenblick höher. Es wurden deshalb die beiden Ankerketten auf Deck gebracht und mit ihren Enden am Grossmaste befestigt, auch wurde das zweite Anker fallen gelassen und auf das Backbordanker 75, auf das Steuerbordanker 45 Faden Kette ausgestochen.

Gegen Mitternacht nahmen Wind und Seegang beträchtlich zu und ging ersterer nach NNW um. Das Schiff arbeitete übermässig. So blieb es bis sechs Uhr Morgens. Da wurde durch Lothen bemerkt, dass das Schiff zu treiben anfing, während Wind und See immer stärker wurden.

Um acht Uhr Morgens befand sich das Fahrzeug nur noch auf vier Faden Wasser und schon dicht an der Barre.

Mit stets zunehmendem Winde und See wurde auch die Annäherung des Schiffes an die Barre schneller. Gerade in diesem Augenblick brach die Steuerbordkette. Um zu verhindern, dass das Schiff mit der Breitseite auf die Barre aufsetzte, wurde auch die Backbord-Kette schlippen gelassen. Dies geschah um acht Uhr Morgens, gleichzeitig wurden Fock-Unter- und Obermarssegel gehisst und so das Vordertheil des Schiffes landwärts gebracht. Das Schiff stiess mit grosser Gewalt auf die äusseren Riffe. Als es noch ungefähr 200 Meter vom Strande entfernt war, wurde es von zwei Seen breitseitig wiederholt in die Brandung geworfen. Der Schiffer liess desshalb den Besanmast kappen. Das Schiff richtete sich in Folge dessen auf und befand sich mit dem Hintertheile mehr dem Winde entgegen. In dieser Lage wurde es mehr und mehr auf den Strand gesetzt und befand sich um drei Uhr Nachmittags nur noch etwa 100 Meter von dem Lande entfernt.

Mittels eines leeren Fasses und einer Lothleine wurde eine Verbindung mit dem Lande hergestellt, doch blieben alle an Bord. Der NNW Sturm nahm noch zu, wurde zum Orkan, warf das Schiff breitseits zur See und machte es mit grosser Gewalt stossen. Um zehn Uhr wurde ihm das Hintertheil und die Kajüte zerbrochen, auch das Volkslogis. Unter der grössten Gefahr gelang es der Besatzung, das Leben zu retten. Während der Nacht hielt sie am Strande Wache. Am Morgen ragte nur noch ein Theil des Vordershiffes aus dem Wasser hervor. Einige Wrackstücke und ein Theil der Ladung wurde an das Land getrieben, alles Uebrige von der See weggeführt. Es ist bekannt, dass ein auf der Rhede von Santa Anna liegendes, in der Ladung begriffenes Schiff bei einem Nordsturm, wenn seine Anker und Ketten nicht halten, verloren ist, weil es auf den Strand geworfen werden muss.

Es kann deshalb auch nicht auffallen, dass dieses Schicksal die »Bertha« getroffen hat.

Vom Schiffer sind die richtigen Massregeln angewandt, um wenigstens das Leben der Schiffsbesatzung zu retten. In Uebereinstimmung mit der Ansicht des Seeamts hat deshalb der Reichscommissar von der Stellung eines Antrages auf Concessionsentziehung gegen Schiffer oder Steuermann abgesehen.

Allerdings ist nicht zu verkennen, dass die Lage des Schiffes zu jener Zeit an jenem Orte eine überaus gefährliche war, da September und October gerade die Monate sind, in welchen plötzliche Nordstürme dort häufig sind. Und erscheint es deshalb auffällig, dass, wie aus der überaus grossen Menge der in jenen Gegenden aus ganz gleicher Veranlassung vorgekommenen Seeunfälle ersichtlich ist, so viele Schiffe gerade jene gefährliche Zeit zur Einnahme von Ladung wählen. Doch muss und kann es in dieser Beziehung lediglich den Versicherungs-Gesellschaften und ihren Prämien überlassen werden, hier geeignete Beschränkung eintreten zu lassen.

64. Spruch des Seeamts zu Stettin vom 13. März 1880, betreffend den Seeunfall des Schooners „Alwine“.

Strandung und Verlust des Schiffes bei Rowe an der hinterpommerschen Küste.

Der Spruch des Seeamts lautet:

dass die Strandung des Schooners »Alwine« (JPLF) bei Rowe (Hinterpommern) durch das wiederholte Uebergehen der aus Roggen und Gerste bestehenden Ladung verursacht worden ist.

Gründe. Das Schiff »Alwine« ist im Jahre 1878/79 von Eichenholz auf buchenem Kiel in Krowelart mit plattem Gatt erbaut, hatte ein Deck mit drei Aufbauten, zwei Masten, war als Schooner getakelt, hatte einen Raumgehalt von 205,3 cbm = 72,47 britischen Register-Tons, also nach §. 33 der Bekanntmachung des Reichskanzlers vom 5. Juli 1872 (Reichs-Gesetz-Blatt Seite 270) eine Tragfähigkeit von ca. 96 890 kg, war am 1. Mai 1879 von dem Bureau Veritas 3/3 G. 1. 1. für 12 Jahre classificirt, nach einer Taxe von 20 500 ℳ. in Höhe von 4/5 derselben versichert und befand sich im alleinigen Besitz des Carl Krüger aus Seedorf a/R., welcher sich durchweg auch als Schiffer desselben gerirt hat, ohne im Besitze eines Befähigungszeugnisses als Schiffer oder Steuermann zu sein und diese Uebertretung der Vorschriften §§. 31, 147 No. 1 der Reichs-Gewerbe-Ordnung dadurch zu verdecken versucht hat, dass er als Steuermann den etc. Stan anmusterte, welcher die Befähigung als Schiffer für kleine Fahrt erworben hat und deshalb als Schiffer für das hier erhebliche Schiff und die hier erhebliche Fahrt zu fungiren befugt war (§. 2 der Bekanntmachung vom 25. September 1869, Bundes-Gesetz-Blatt Seite 660).

Ausser Krüger und Stan bestand die Besatzung nur noch aus einem Matrosen und einem Jungmann. Die Ladung bestand aus 73 469 kg Gerste und 31 119 kg Roggen, welche, mit 16 000 ℳ. versichert, zwar lose in das Schiff geschüttet war, aber dasselbe (wenigstens zur Zeit des Antritts der Reise) bis zu den Deckbalken anfüllte und durch ein Längsschott, welches von oben bis zur halben Tiefe des Ladungsraumes reichte, ferner hinten und vorne durch Querschotte, sowie oben durch darauf gelegte Bretter und Matten befestigt war.

Am 12. November 1879 Vormittags ging das Schiff von Libau nach Lübeck in See. Anfangs war südöstlicher Wind, jedoch kam die See (von dem früheren Winde) noch stark aus SW, so dass die Fahrt von Anfang an keine gute war. Am 13. November ging der Wind noch mehr nach ONO und N herum, so dass das Schiff schon am 13. Abends südlich getrieben wurde. Am 14. Mittags machte Krüger den Versuch, nach Danzig abzuhalten. Nachmittags 3 Uhr ging der Wind nach NO und wurde etwas flauer, weshalb Krüger nun nach WNW steuern liess, um zu versuchen, Bornholm zu erreichen, zumal das Schiff schon zu weit südwestlich stand, um noch den Danziger Hafen zu erreichen. Gegen Abend wurde der Wind aber wieder nördlicher und so hart, dass 8 Uhr Abends das Schiff beim Winde gelegt werden musste. Um 12 Uhr Mitternachts kam das Leuchtfeuer von Scholpin in Sicht, und wurden nun alle möglichen Versuche gemacht, um das Schiff von der Küste abzuhalten. Bei dem hohen Seegange gelang dies jedoch trotz aller Anstrengungen nicht und, in Folge des vielen Lavirens, zu dem das Schiff gezwungen war, schoss am 15. November 6½ Uhr Morgens die Ladung von einer Schiffsseite zur andern über, so dass das Schiff dem Kentern nahe war. Es gelang zwar dies Mal noch, das Schiff vor den Wind zu bekommen und es über den anderen Bug zu legen. Um 8 Uhr Morgens aber ging die Ladung wiederum über; zugleich war das Schiff in Folge der Finsterniss und des Schneegestöbers der Küste ganz nahe gekommen. Die Versuche, wieder in See zu gelangen, mussten bei dem Sturme aufgegeben werden. So lag das Schiff noch einige Stunden beim Winde. Inzwischen wurde das Wetter immer schlechter und das Schiff so nahe an den Strand getrieben, dass, um zu verhindern, dass es quer in die Brandung getrieben wurde und kenterte, nach Land abgehalten werden musste. Um 1 Uhr Mittags kam es auf den Strand. Die Mannschaft wurde gerettet, auch der grösste Theil der Ladung, wenn auch zum Theil nass und verdorben, sowie das Schiffsinventar geborgen. Das Schiff selbst lag auf Torfgrund unmittelbar am Strande, sandete in Folge dessen nicht ein und blieb auch sonst unbeschädigt, so dass Hoffnung vorhanden war, es wieder abzubringen. Es wurde diese Abbringung auch von verschiedenen Unternehmern zu wiederholten Malen versucht. Bei dem letzten Versuche gelang es, das Schiff flott zu machen. Aber schon eine Stunde nachher wurde es von sich erhebendem starken Seewinde wieder an das Ufer getrieben, kenterte und ist dann als Wrack für 105 *M.* verkauft.

Betreffs der Navigirung des Schiffs ist weder dem Schiffer noch dem Steuermann ein Vorwurf zu machen. Die zu grosse Annäherung des Schiffes an das Land war eine natürliehe Folge des schlechten Windes und Wetters. Der Umstand, welcher es verhinderte, das Schiff rechtzeitig vom Lande abzubringen, lag in dem wiederholten Ueberschiessen der Ladung. In diesem Umstande ist also auch die eigentliche Ursache der Strandung zu finden. Aber auch hierbei ist dem Schiffer und Steuermann ein Vorwurf nicht zu machen. Allerdings ist das Ueberschiessen der Ladung nur durch eine mangelhafte Stauung derselben zu erklären, welcher Mangel hier darin bestand, dass die Getreideladung nur lose in das Schiff geschüttet und dort nicht durchaus sicher befestigt war. Immerhin entsprach aber diese Stauung, welcher sich der Steuermann selbst unterzogen hatte, der Usance, und liegt deshalb in der Art, wie sie bewirkt worden, weder seitens des Schiffers noch seitens des Steuermanns ein schuldbares Versehen. Aus diesem Grunde hat denn auch der Reichskommissar in Uebereinstimmung mit der Ansicht des Seeamts von der Stellung eines Antrages auf Concessionsentziehung abgesehen.

65. Spruch des Seeamts zu Stettin vom 13. März 1880, betreffend den Seeunfall der Galeas „Minna".

Strandung und Verlust des Schiffes bei Libau.

Der Spruch des Seeamts lautet:

dass der Untergang der Galeas »Minna« (IDRQ) am 28. December 1879 vor dem Hafen von Libau dadurch verursacht worden ist, dass das Schiff in Folge des stürmischen Wetters leck gesprungen und bei dem herrschenden Winde ausser Stande war, in den Hafen von Libau einzulaufen.

Gründe. Das Galeasschiff »Minna« ist im Jahre 1879 aus einem schwedischen Schiffswrack neu aufgebaut, und zwar von Fichtenholz, mit Ausnahme der Inhölzer, des Kiels und der Steven, welche von Eichenholz waren. Es hatte zwei Masten und ein glattes Deck, Kajüte und Roof auf Deck. Sein Nettoraumgehalt betrug 152,4 Cubikmeter. Es besass also nach § 33 der Bekanntmachung des Reichskanzlers vom 5. Juli 1872 (Reichs-Gesetz-Blatt Seite 270) eine Tragfähigkeit von 71 940 kg. Classificirt war es zuletzt im October 1879 vom Bureau Veritas 5/6 2. 1. auf 3 Jahre, d. h. mit der zweiten Classe der Veritas. Es befand sich im alleinigen Eigenthum seines Führers, des Schiffers Buchholz, welcher es für 4 500 *M.* Restkaufgeld verpfändet hatte. Versichert war es mit 5 800 *M.* Bemannt war es ausser dem Schiffer Buchholz noch mit einem Bestmann und einem Jungmann.

Nachdem das Schiff vorher die Reise von Swinemünde nach Libau mit 28 000 Stück nassen Ziegelsteinen gemacht hatte, verliess es am 27. December 1879 in dichtem, festen, wohlausgerüsteten und bemannten Zustande mit einer nach Swinemünde bestimmten Ladung von 87 205 kg Roggen und 200 Matten (welche Ladung in Höhe von 14 500 *M.* versichert war) um 4 Uhr Nachmittags den Hafen von Libau und befand sich um 5 Uhr Nachmittags in offener See. Es war damals SO Wind und klares Wetter. Das Schiff nahm bis 8 Uhr Abends den Curs SWzW, von da bis 12 Uhr Nachts den Curs WSW, es wurde damals bei den Pumpen 5 Zoll Wasser gepeilt und lenz gepumpt. Am 28. Dezember segelte das Schiff bei zunehmendem Winde WzS. Um 2 Uhr Morgens wurde der Klüver festgemacht und um 3 Uhr zwei Reffe in das Grosssegel genommen. Um 5 Uhr wurde die Klüverfock festgemacht. Das Schiff stampfte sehr und die Peilung der Pumpen ergab 7 Zoll Wasser. Es wurde lenz gepumpt und, da der Wind stets zunahm, um 6 Uhr der Besahn gerefft und um 7 Uhr festgemacht. Das ganze Deck und die Segel waren mit Eis belegt. Um 1I Uhr wurde bei den Pumpen 14 Zoll Wasser gepeilt und lenz gepumpt. Der Weg, den das Schiff zurückgelegt hatte, betrug bis jetzt etwa 48 Seemeilen. Da es aber stetig mehr Wasser. machte, so liess der Schiffer halsen und fuhr bei SSW Wind mit dem Curse OzN³/₄N in der Richtung nach dem Libau'schen Hafen zurück. Obgleich seitdem ohne Unterlass gepumpt wurde, bei den Pumpen um 12 Uhr Mittags 2 Fuss und um 6 Uhr Nachmittags bereits 3 Fuss Wasser. Um diese Zeit kam Libau Feuer in Sicht und wurden alle Segel beigesetzt, um den Hafen von Libau zu erreichen. In diesen hineinzukommen, war aber für das Schiff unmöglich, da bei dem SW Winde ein zu starker Strom längs der Küste ging. Der Schiffer liess die Nothflagge aufsetzen, bekam aber keine Hülfe und sah sich nun genöthigt, hinter der Nord-Mole Schutz zu suchen, um Schiff und Ladung zu bergen. Bei dieser Gelegenheit jedoch, etwa 50 Schritte von der Mole entfernt, gerieth das Schiff auf Grund, kam dwars zu liegen, so dass jede Brechsee etwas vom Schiffe zertrümmerte.

Um das Schiff mehr auf Wind und See zu bringen, liess der Schiffer um 7½ Uhr Abends die Anker fallen. Hierauf aber trieb das Schiff mit beiden Ankern von der Mole ab und dem Strande zu. Dort wurde es in seinen unteren Theilen allmälig durch die See zertrümmert und von ihr bedeckt. Die Besatzung kletterte in die Masten und wurde von dort am 29. December 1879 mittags in kläglichem Zustande durch ein Rettungsboot, welches von Libau hinauskam, gerettet und an das Land gebracht.

Aus diesem Sachverhalte, in Verbindung mit dem Umstande, dass das Schiff bei seiner Hinreise eine viel schwerere Ladung gehabt hat, ohne Wasser zu machen, ergiebt sich Folgendes:

Das Schiff war mit Rücksicht auf seine Bauart und die Beschaffenheit seines Baumaterials zur Zeit des ihn betreffenden Unfalles nicht überladen. Die Entstehungsursache des Lecks ist deshalb lediglich in dem stürmischen Wetter und darin zu suchen, dass sich die Nähte begeben haben. Mit dem entstandenen Leck war es für das Schiff unmöglich, den Bestimmungsort oder einen anderen Hafen, etwa Memel oder Danzig, zu erreichen. Es war deshalb die Umkehr nach dem Libau'schen Hafen eine gebotene

Massregel und dem Schiffer nicht zur Last zu legen, dass er ihn nicht erreichte, da lediglich der starke Küstenstrom solches verhinderte. Die demnächstigen Unfälle sind nur dem Zufall zuzuschreiben, und trifft deshalb den Schiffer kein Vorwurf. Aus diesem Grunde hat denn auch der Reichscommissar in Uebereinstimmung mit dem Seeamte von der Stellung eines Antrages auf Entziehung der Concession dem Schiffer gegenüber Abstand genommen.

66. Spruch des Seeamts zu Danzig vom 15. März 1880, betreffend den Seeunfall der deutschen Bark „Alma" von Danzig und des britischen Dampfers „Durham".

Zusammenstoss eines Segelschiffes mit einem Dampfer im Skagerak.

Der Spruch des Seeamts lautet:

dass der Zusammenstoss der deutschen Bark »Alma« mit dem britischen Dampfschiffe »Durham« am 21. Februar 1879 lediglich dem Verfahren der Schiffsmannschaft des Dampfers »Durham« zuzuschreiben, der Schiffer, der Steuermann und die Mannschaft der Bark »Alma« von jeder Verschuldung an dem Zusammenstosse freizusprechen.

Gründe. Am Morgen des 21. Februar 1879 erlitt die zur Danziger Rhederei gehörige Bark »Alma« in der Nähe der norwegischen Küste bei Arendal durch einen Zusammenstoss mit dem britischen Dampfschiffe »Durham« so schwere Verletzungen, dass das Schiff von den in Arendal vernommenen Sachverständigen für reparaturunwürdig und als Wrack erklärt ist, und war hiernach die Einleitung der Untersuchung des Seeunfalls auf Grund des §. 3 No. 1 des Gesetzes vom 27. Juli 1877 geboten.

Durch die herbeigeschafften, von der Schiffsmannschaft der Bark »Alma« und von der Schiffsmannschaft des Dampfschiffes »Durham« vor dem competenten norwegischen Gerichte zu Nedenäs, bsziehungsweise am 25. Februar, 28. Februar, 1. März, 4. März und 7. März 1879 abgegebenen eidlichen Verklarungen, das herbeigeschaffte Schiffs-Journal der Bark »Alma« und die eidlichen Aussagen des Schiffers Tobias und des Schiffsrheders Berent, sowie die nicht beeidigte Aussage des Steuermanns Kutscher hat das Seeamt Folgendes als thatsächlich festgestellt angenommen:

Am 20. Januar 1879 ging die Bark »Alma« unter Führung des Schiffers Tobias mit einer Ladung Fettwaaren von New-York nach Stettin ab. Die Reise verlief bis in die Nordsee ohne besonders erwähnenswerthe Zwischenfälle. In der Nordsee traf das Schiff schweres Wetter, und wurde dort am 17. Februar 1879 durch eine Sturzsee das an Steuerbordseite angebrachte Laternenbrett fortgeschlagen. Zum Ersatze desselben wurde durch den Zimmermann des Schiffs aus den Ueberresten des ebenfalls zerschlagenen Schweinestalls ein Laternenbrett gefertigt und an Steuerbord befestigt. — Am 20. Februar 1879 Abends, als Hirtshals Feuer in Sicht war, entschloss sich Schiffer Tobias, nach der norwegischen Küste, nach Arendal hinüberzulaufen, um dort Nachrichten über die Eisverhältnisse im Sund einzuziehen. — Auf dieser Fahrt traf das Schiff viel Eis, und wurde am 21. Februar 1879 um 4 Uhr Morgens südwärts gehalst, um aus dem Eise herauszukommen. Der Schiffer Tobias hatte in dieser Nacht von 12 bis 4 Uhr die Wache gehabt; nachdem das Schiff gehalst hatte, begab er sich in die Kajüte, um das Halsen im Schiffsjournal zu vermerken, kehrte aber, nachdem er den betreffenden Vermerk im Journal gemacht hatte, wieder auf Deck zurück, weil er wegen des Eises in Unruhe war. Bald, nachdem er auf Deck gekommen war, ungefähr um 4½ Uhr Morgens, erblickte er auf Steuerbordseite fast voraus, die Laternen von zwei Dampfschiffen, und ungefähr zehn Minuten später drei Lichter auf Backbordseite, nämlich eine grüne Steuerbordlaterne, eine weisse Toplaterne und am Hintermaste — wie sich der Schiffer Tobias ausdrückt — ein verschwommenes Licht. — Wie sich später herausgestellt hat, ist dieser vom Schiffer Tobias mit dem Ausdrucke »verschwommenes Licht« bezeichnete Lichtschein von zwei Ankerlaternen ausgegangen, welche sich ungefähr 16 Fuss über der Reeling in der Besahnwant befanden, und welche als ein unter den Dampfern verabredetes Privatsignal dienten. — Die »Alma« steuerte damals SzO½O, und schätzt der Schiffer Tobias die Entfernung der »Alma« von jenen Lichtern, als er dieselben zuerst wahrnahm, auf wenigstens drei Seemeilen. Er blieb nunmehr an Deck und beobachtete mit dem Glase unausgesetzt die Lichter an Backbordseite; unmittelbar an der Verschanzung des Schiffs an Backbordseite lagen zwei dicke Spieren; auf diese stieg der Schiffer Tobias und sah über die

Schanzkleidung des Schiffes nach der rothen Backbordlaterne; er überzeugte sich, dass dieselbe gut brannte. — Er bemerkte, dass das Schiff auf Backbordseite mit seinen Lichten seinen Curs gar nicht veränderte, wurde darüber unruhig und äusserte diese Unruhe dem Steuermann Kutscher gegenüber. — Dieser wollte noch eine Ankerlaterne ausbringen, indess Schiffer Tobias hielt dies nicht dem Zweck entsprechend und verspätet und stieg nochmals auf die soeben bezeichneten Spieren und rief dem sich immer mehr nähernden Dampfschiffe zu »Steamboot hoi!!« jedoch ohne Erfolg. — Als er wahrnahm, dass sein Zuruf auf dem Dampfschiffe nicht gehört wurde, dasselbe vielmehr seinen früheren Curs beibehielt, sprang er von den Spieren herunter und rief dem Mann am Steuer zu »halt ab«; als dieser Befehl gegeben wurde, war das Dampfschiff nach der Schätzung des Schiffers Tobias nur noch 5 bis 600 Fuss entfernt und war sowohl der Rumpf als die Takelage des Dampfschiffs erkennbar. — Der Mann am Ruder antwortete auf den gegebenen Befehl »das Ruder ist hart auf«, und kurz darauf erfolgte der Zusammenstoss des Dampfers, der, wie sich herausstellte, der britische Dampfer »Durham« war, mit der »Alma«. Der Dampfer lief mit einem Winkel von ungefähr 45 Grad in die »Alma«, und zwar war der Zusammenstoss so gewaltig, dass die »Alma« sich ganz auf die Steuerbordseite legte und der Bug des Dampfers bis ungefähr drei bis vier Fuss von dem Besahnmast vordrang. — Der Schiffer Tobias weiss nicht, ob die »Alma« in Folge des von ihm gegebenen Befehls »halt ab« gefallen ist, jedoch hat ihm der Mann am Ruder gesagt, dass das Schiff 2½ Strich abgefallen sei, so dass es beim Zusammenstoss SzW oder SzW½W angelegen habe; der Schiffer Tobias hält es aber auch für möglich, dass durch den Zusammenstoss die Lage der »Alma« verändert ist.

Diese vom Schiffer Tobias gegebene Darstellung der Vorgänge auf der »Alma« vor und bei dem Zusammenstoss ist im Wesentlichen von der Schiffsmannschaft der »Alma« bei ihrer vor dem Gerichte in Nedenäs abgegebenen eidlichen Verklarung bestätigt worden, insbesondere von dem Steuermann Kutscher, dem Matrosen Lund, der zur Zeit des Zusammenstosses am Ruder stand, und dem Matrosen Guttormsen, der zur Zeit des Zusammenstosses auf Deck gewesen ist. Sowohl diese Zeugen, als der Bootsmann Kindt, der Koch und Stewart Prosner, der Matrose Wendt und Gottfried Norgren bekunden übereinstimmend, dass die Laternen der »Alma« in Ordnung waren, der Koch Prosner hat die Laternen selbst geputzt und gefüllt; er ist in jener Nacht nach 4 Uhr auf das Deck gekommen, um für den Schiffer Caffee zu kochen, und hat, als er ungefähr zehn Minuten vor dem Zusammenstoss den Schiffer »Steamboot hoi!« rufen hörte, die Laternen klar brennen gesehen; der Bootsmann Kindt hat am Abende vor dem Zusammenstoss die Backbordlaternen ausgehängt. Der Matrose Lund hat, als der Dampfer »Durham« näher kam, den Schein der Backbordlaterne der »Alma« auf das Dampfschiff fallen gesehen. Bei dem Zusammenstoss wurde die Backbordlaterne der »Alma« zerdrückt, das Petroleum der Laterne entzündete sich hierbei und verbreitete einen hellen Schein.

Der Steuermann Kutscher hat bei seiner Vernehmung vor dem Seeamte in Abweichung von der Aussage des Schiffers Tobias bekundet, dass der Schiffer Tobias, als er den Dampfer in bedenklicher Weise sich nähern sah, dem Mann am Ruder den Befehl gegeben habe »halt ab«, und als demzufolge das Schiff abgefallen sei, und er, der Steuermann Kutscher, bemerkt habe, »nun scheine Alles klar zu gehen«, dem Mann am Ruder zugerufen habe, »luv wieder an«, demnächst aber nach einigen Minuten wieder gerufen habe »es geht nicht klar, halt ab!« Bei seiner ersten Vernehmung vor dem Vorsitzenden des Seeamts bekundete der Steuermann Kutscher ausserdem, der Schiffer Tobias habe, als in Folge des ersten Befehls »halt ab« das Schiff abgefallen sei, geäussert: »jetzt steuern wir so ziemlich mit dem Dampfschiffe«; diese Thatsache hat der Zeuge bei seiner Vernehmung in der Verhandlung vor dem Seeamt insofern zurückgenommen, als er eingeräumt hat, dass der Schiffer Tobias eine solche Aeusserung nicht habe machen können, weil dieselbe der Wirklichkeit widersprochen habe.

Eine Confrontation des Schiffers Tobias und des Steuermanns Kutscher hat zu keinem Resultat geführt, und hat das Seeamt in Erwägung, dass der Steuermann Kutscher bei seiner eidlichen Vernehmung vor dem Gerichte in Nedenäs jene Thatsache nicht bekundet hat, in seiner Mehrheit beschlossen, von der Vereidigung des Steuermanns Kutscher Abstand zu nehmen.

Aus den Aussagen der Schiffsmannschaft des Dampfers »Durham« bei ihrer eidlichen Vernehmung vor dem Gerichte in Nedenäs geht hervor, dass die »Alma« von der Schiffsmannschaft des »Durham« erst kurz vor dem Zusammenstoss wahrgenommen ist. Vor und bei dem Zusammenstoss befanden sich auf dem Commandobrette des Dampfschiffs der zweite Steuermann Holder,

der Bootsmann Albert und der das Ruder führende Matrose Beveridge. Die Ausschau auf Steuerbordseite hatte der Matrose Watson. Der Dampfer fuhr mit nordwestlichem Curse und mit einer Geschwindigkeit von 7 bis 8 Knoten. Ungefähr erst eine Minute vor dem Zusammenstoss wurde von den Zeugen die rothe Backbordlaterne der »Alma« gesehen und gleich darauf auch der Rumpf und die Segel des Schiffes. Auf den Ruf des ausschauenden Matrosen commandirte der zweite Steuermann, das Steuer »hart Backbord« und liess zugleich die Maschine stoppen. Beide Befehle sind nach der Aussage des Matrosen Beveridge und des Maschinisten Hasddon ausgeführt, doch erfolgte der Zusammenstoss so bald nach den gegebenen Befehlen, dass eine Wirkung derselben noch kaum bemerkbar war. Die Zeugen sagen, das rothe Licht der Backbordlaterne der »Alma« sei dunkel gewesen und habe nicht klar geleuchtet; der Matrose Watson, welcher die Ausschau hatte, bemerkt, es sei ihm vorgekommen, als ob die Backbordlaterne der »Alma« ziemlich niedrig gehangen habe.

Nach dem Zusammenstoss sank sofort die »Alma«, und kletterte die gesammte Schiffsmannschaft derselben auf das Dampfschiff »Durham« hinüber. Auf Verlangen des Schiffers Tobias nahm das Dampfschiff »Durham« die auf der Ladung schwimmende »Alma» in das Schlepptau und schleppte sie in die Nähe der norwegischen Küste bei Arendal, bis beide Schiffe im Eise festsassen. Später ist die »Alma« durch eine Rinne im Eise in den Hafen von Arendal gebracht und nach Löschung der Ladung von Sachverständigen für reparaturunwürdig und als Wrack erklärt worden.

Auf den Antrag des Schiffers Tobias ist der Dampfer »Durham« mit Arrest belegt, und haben demnächst die bei dem Seeunfalle betheiligten Versicherungsgesellschaften auf Ersatz des erlittenen Schadens gegen die Rhederei des »Durham« geklagt. Nach der Mittheilung des Schiffsrheders Berent ist die Rhederei des »Durham« zur Zahlung einer Summe von 129 732 Kronen 32 Oere verurtheilt und hat diese Summe auch bezahlt.

Auf Grund dieses Thatbestandes ist vom Seeamte der oben angegebene Spruch gefällt worden.

Die Schiffsmannschaft der »Alma«, insbesondere der Schiffer Tobias und der Steuermann Kutscher, haben es vor dem Zusammenstoss an Aufmerksamkeit nicht fehlen lassen und die Vorschriften der Artikel 18, 19 und 20, Verordnung vom 23. December 1871, beobachtet. Der Schiffer Tobias hat sich überzeugt, dass die dem entgegenkommenden Dampfschiffe zugewendete Backbordlaterne der »Alma« gut brannte, und ist bestrebt gewesen, durch rechtzeitiges Zurufen den Zusammenstoss zu verhindern. Darüber, dass die Backbordlaterne der »Alma« zur Zeit des Zusammenstosses gebrannt hat, sind alle vernommenen Personen, insbesondere auch die zur Schiffsmannschaft des Dampfschiffes »Durham« gehörigen Personen einig, nur über den Grad der Helligkeit des Lichts weichen die Aussagen der Schiffsmannschaft der »Alma« von den Aussagen der Schiffsmannschaft des Dampfschiffes »Durham« ab. Das Seeamt hat aus den verschiedenen Aussagen nicht die Ansicht gewinnen können, dass die Helligkeit der Backbordlaterne der »Alma« nicht der Vorschrift des Art. 3 c. der Verordnung vom 23. December 1871 entsprochen habe, da der von der Schiffsmannschaft des Dampfschiffes »Durham« gebrauchte Ausdruck, das Licht sei dunkel gewesen, lediglich eine subjective Anschauung der vernommenen Personen wiedergiebt und nur zu häufig dergleichen subjective Auffassungen von der Lage beeinflusst werden, in welcher sich der Auffassende befindet. — Der Schiffer Tobias hat sowohl nach seiner eigenen eidlichen Aussage als nach der beeidigten Aussage der vor dem Gerichte in Nedenäs vernommenen Personen in Gemässheit des Art. 18 der Verordnung vom 23. December 1871 seinen Curs beibehalten. — Sollte aber auch der Aussage des Steuermanns Kutscher Gewicht beigelegt werden, nach welcher der Schiffer Tobias bei der Wahrnehmung der Annäherung des Dampfschiffes »Durham« das Schiff abfallen, demnächst aber wieder anluven lassen, so ist dieses Manöver jedenfalls auf den Zusammenstoss ohne Einfluss geblieben, weil das Schiff erst nach dem Wiederanluven, mithin nach der Wiederaufnahme des früheren Curses von der Schiffsmannschaft des Dampfschiffes »Durham« bemerkt worden ist.

Der Zusammenstoss der beiden Schiffe ist lediglich dem Umstande zuzuschreiben, dass die »Alma« von der Schiffsmannschaft des Dampfschiffes »Durham« erst kurz vorher wahrgenommen worden ist, dergestalt, dass bei der Nähe, in welcher sich die beiden Schiffe bereits zu einander befanden, der Zusammenstoss nicht mehr verhindert werden konnte. Von dem Augenblicke der Wahrnehmung der »Alma« durch die Schiffsmannschaft des »Durham« ab ist alles zur Verhinderung des Zusammenstosses Geeignete geschehen; sowohl der Schiffer Tobias hat sein Schiff abhalten lassen, als der das Commando des »Durham« führende zweite Steuermann des Dampfschiffes hat dadurch, dass er das Ruder hart Backbord legen und die Maschine stoppen liess, seine Pflicht erfüllt, leider aber zu spät und daher ohne Erfolg. Nach dem Zusammenstosse haben beide Theile alles dasjenige gethan, was zur Minderung des Unfalles dienen konnte; der Führer des Dampfschiffes »Durham«, Schiffer Brown hat auf Vorstellung des Schiffers Tobias die »Alma« in das Schlepptau genommen, und soweit geschleppt, bis beide Schiffe im Eise festsassen, und auf diese Weise das Wrack des Schiffes und den grössten Theil der werthvollen Ladung gerettet. Der Schiffer Tobias endlich hat, wie das Seeamt anerkennend hervorheben will, demnächst nicht blos für die Bergung des Schiffs und der Ladung Sorge getragen, sondern auch mit Energie die Interessen der Eigenthümer des Schiffes und der Ladung gewahrt.

67. Spruch des Seeamts zu Flensburg vom 17. März 1880, betreffend den Seeunfall der dänischen Jacht „Haabet."

Strandung des Schiffes und Verlust desselben in der Geltinger Bucht bei Beveroe.

Der Spruch des Seeamts lautet:

dass der Seeunfall dem plötzlich eintretenden dicken Wetter zuzuschreiben sei und dem Schiffer ein Verschulden dabei nicht zur Last fällt.

Gründe. Am 22. December 1879 Abends um 10½ Uhr bei vollständig klarem Wetter segelte der Schiffer Hans Nielsen Rasmussen aus Swendborg auf der Insel Fühnen mit seiner Jacht »Haabet« von Sonderburg ab, um eine Ladung Bier nach Cappeln zu bringen. Ausser ihm befanden sich noch sein 12jähriger Sohn und seine Tochter, die Wittwe Bundesen aus Flensburg am Bord. Gleichzeitig mit ihm verliessen noch vier andere dänische Jachten den Hafen von Sonderburg, welche mit Korn für Kiel beladen waren. Zwei von diesen Jachten kamen alsbald aus Sicht, die andern beiden dagegen und die »Haabet« fuhren neben einander her. Als man einige Zeit gefahren hatte, wurde es plötzlich so dickes und dunkles Wetter, dass man nichts mehr sehen konnte. In dieser Dunkelheit verloren die drei zusammen segelnden Jachten die Richtung und geriethen in der Geltinger Bucht bei Beveroe auf den Strand. Den andern beiden Jachten, die grösser waren als die »Haabet« und deshalb nicht so weit, wie diese auf den Strand geriethen, gelang es am anderen Tage, als das Wasser etwas gestiegen war, ohne fremde Hülfe wieder abzukommen.

Die »Haabet« konnte indess, obwohl auch alsbald Hülfe vom Lande heran kam, nicht wieder abgebracht werden, sie war zu weit auf den Strand gerathen und dabei leck geworden. Die Ladung ist allerdings völlig geborgen, das Schiff indess in der Folge aus einander geschlagen und total verloren gegangen.

Das Seeamt ist des Erachtens, dass der Unfall lediglich dem plötzlich auftretenden dicken Wetter zuzuschreiben ist und dem Schiffer ein Verschulden nicht zur Last fällt.

68. Spruch des Seeamts zu Hamburg vom 20. März 1880, betreffend den Seeunfall der deutschen Bark „Marie Heydorn II.“ von Hamburg.

Strandung und Verlust des Schiffes auf der Insel Karimon-Java.

Die in Hamburg heimathberechtigte Bark »Marie Heydorn II.«, Unterscheidungssignal RCMD, 822,1 cbm oder 290,21 Register-Tons netto gross, hatte den in der Nähe von Batavia an der Nordküste der Insel Java belegenen Hafenplatz Tandjong Priok am 28. Januar 1879 auf einer in Ballast für Macassar bestimmten Reise verlassen. Das Schiff führte eine im Juli 1878 in Hamburg angemusterte, aus acht Mann, ausschliesslich des Schiffers, bestehende Besatzung. Führer des Schiffes war der Sohn des Rheders, Schiffer Joh. Claus Heydorn, welcher auch seine Ehefrau mit an Bord hatte. Bei dem herrschenden Nordwest-Monsun machte das Schiff rasche Fahrt und peilte man um 4 Uhr Nachmittags am 29. Januar 1879 den Feuerthurm von Boompjes Island in SW zu W¼W, unter gleichzeitiger Gissung des Abstandes auf 9 Seemeilen. Von dort rechnete Schiffer Heydorn sodann vermöge Logg und Compass sein Besteck weiter. Die geloggte Fahrgeschwindigkeit betrug nahezu 9 Seemeilen in der Stunde und wurde bis Mitternacht O¾N-Curs, von da ab OzN-Curs gesteuert.

Der zwischen NW und W wechselnde Wind hatte während der Nacht an Lebhaftigkeit zugenommen, und war es böig und regnerisch geworden. Um 4 Uhr Morgens übernahm der Steuermann Jürgen Lorenz Elfers die Wache vom Schiffer. Es war zu dieser Zeit nach Aussage des Steuermanns so dick von Regen, dass man zeitweilig vom Hinterdeck aus den Fockmast nicht sehen konnte. Das Schiff führte alle Segel. Ungefähr um 4½ Uhr Morgens gerieth das Schiff plötzlich auf Grund, machte dann unter fortwährendem Stossen noch etwas Fahrt und blieb nach wenigen Minuten fest sitzen. Nachdem das Schiff, welches man noch im letzten Augenblicke durch Anbrassen der Raaen und Ueberlegen des Ruders in Lee von den Klippen freizusegeln versucht hatte, sich soweit nach Backbord übergelegt hatte, dass die Regeling unter Wasser stand, und nachdem auch der Versuch, dasselbe durch Kappen der Masten zu erleichtern, nichts geholfen hatte, indem die Masten nicht vom Schiffe klar wurden, vielmehr auf Deck fielen und fortwährend heftig auf dem Schiffe hin und her arbeiteten, sah sich die Besatzung nach Verlauf einiger Stunden genöthigt, ihr Schiff auf dem über Steuerbord zu Wasser gebrachten Grossboot zu verlassen, und rettete sich dieselbe unter vielen Mühseligkeiten zunächst auf die kleine Insel Kombar und von dort weiter nach der Insel Karimon-Java. Nach mehrtägigen vergeblichen Versuchen, das Wrack, welches auf einem sich in nördlicher Richtung von der zur Karimon-Java Inselgruppe gehörigen kleinen Insel Kombar erstreckenden Riff festsass, noch einmal zu erreichen, liess sich Schiffer Heydorn mit Frau und Schiffsmannschaft, welche sämmtlich gerettet waren, auf einem kleinen Küstenfahrzeuge nach Java hinüberführen. Man gelangte, da das Fahrzeug genöthigt war, seinen Curs vor dem Winde zu nehmen, zunächst nach Joana und musste sich von dort zu Lande nach Samarang befördern lassen, woselbst vor dem dortigen deutschen Consul Verklarung belegt wurde.

Zur Feststellung des vorstehenden Thatbestandes sah sich das Seeamt im wesentlichen auf den Inhalt der erwähnten Verklarung sowie einer gleichfalls zu den Akten gelangten, vor dem Hafenmeister in Joana abgelegten provisorischen Verklarung angewiesen.

Der einzige Zeuge, welcher zur Hauptverhandlnng herangezogen werden konnte, war der erst jetzt nach Europa zurückgekehrte Steuermann Elfers. Die Aussagen dieses Zeugen beschränken sich aber im wesentlichen auf eine Bestätigung der Richtigkeit der von ihm beschafften Journaleintragungen und eine Bekundung dahin, dass die Verklarung, wie solches auch in diesem Document selbst bezeugt wird, der Hauptsache nach eine wörtliche Wiedergabe des Journals enthält. Seine unmittelbare Erinnerung über die einzelnen

Umstände des fraglichen Seeunfalles hat dieser Zeuge nach Verlauf einer so langen Zeit nicht mehr als völlig verlässlich bezeichnet, und wird hierauf auch eine Abweichung der Aussagen dieses Zeugen von den ferner zu den Akten gelangten Aussagen eines Theiles der übrigen Mannschaft des Schiffes, insbesondere des seiner Angabe nach zur Zeit der Strandung auf Ausguck befindlich gewesenen Schiffsjungen Wesel, hinsichtlich der in den letzten Augenblicken vor der Strandung stattgehabten Hergänge, zurückgeführt werden dürfen. Schiffer Heydorn ist seit dem Unfall überhaupt nicht nach Europa zurückgekehrt, wie auch dessen Heimkehr, erhaltener Auskunft zufolge, nicht zu erwarten steht, und konnte derselbe somit zur Verhandlung der Sache nicht herangezogen werden.

Wenn sich nun auch nicht verkennen lässt, dass die auf der »Marie Heydorn II.« gehaltenen Curse das Schiff an sich in einem genügenden Abstande — etwa 7 Seemeilen — nordwärts an der Inselgruppe Karimon-Java vorüberführen, und somit von den dort befindlichen Riffen freihalten mussten, so ist doch Schiffer Heydorn von dem Vorwurfe nicht freizusprechen, dass er, obwohl er bei den herrschenden westnordwestlichen Winden sehr wohl höher anliegen konnte, seinen Curs nicht etwas nördlicher genommen hat. Es erscheint allerdings sehr wohl glaubwürdig, dass, wie Steuermann Elfers angeführt hat, Schiffer Heydorn im Verlass auf die Richtigkeit seines Bestecks dem Steuermann bei Uebergabe der Wache um 4 Uhr Morgens erklärt hat, das Schiff befände sich jetzt in nördlicher Richtung gerade quer ab von der Karimon-Java Inselgruppe, während die »Marie Heydorn II.« sich damals in Wirklichkeit auf ihrer Fahrt weniger weit voraus und südlicher befunden haben muss.

Die Ursache der Strandung ist hiernach in einer Unrichtigkeit des Bestecks zu erblicken, welche einmal in einer Ueberschätzung der Geschwindigkeit des Schiffes ihren Grund hat, dann aber auch darin, dass das Schiff vermuthlich unter der Einwirkung der durch den Nordwest-Monsun herbeigeführten Strömung und einer bei den häufig einfallenden Böen fast unvermeidlichen Ungenauigkeit im Steuern, nach Süden versetzt worden ist, und kann nicht verkannt werden, dass der Unfall sich bei grösserer Vorsicht auf Seiten der Führung des Schiffes hätte vermeiden lassen.

Für diese Führung ist aber in erster Linie der Schiffer verantwortlich und wird dem Steuermann Elfers ein ernstlicher Vorwurf nicht zu machen sein, wenn er auch auf seiner letzten

Wache, auf welcher die Strandung erfolgte, den für das Schiff verhängnissvollen, zu südlichen Curs hielt, welchen Schiffer Heydorn ihm aufgegeben hatte.

Allerdings konnte das Seeamt sich der Vermuthung nicht verschliessen, dass noch im letzten Augenblicke, als vom Ausguck aus die Annäherung des Landes gemeldet wurde, eine Rettung des Schiffes bei grösserer Geistesgegenwart des damals mit der Führung desselben betrauten Steuermannes möglich gewesen wäre. Hätte nämlich Elfers, statt erst sein Fernrohr zur Hand zu nehmen und nach vorne zu eilen, um sich selbst zu überzeugen, ob wirklich Land in Lee sichtbar sei, gleich die zum Anluven des Schiffes erforderlichen Befehle ertheilt, so würde das Schiff vermuthlich noch rechtzeitig an den Wind gebracht, und dadurch die Strandung, welche, wie Elfers selbst angiebt, auf der nördlichsten Spitze des Riffes erfolgte, vermieden worden sein.

Das Seeamt giebt hiernach seinen Spruch dahin ab:

> Die Strandung der hamburgischen Bark »Marie Heydorn II.« auf der Karimon-Java Inselgruppe am Morgen des 30. Januar 1879 ist eine Folge unrichtigen Bestecks gewesen und hätte sich vermeiden lassen, wenn Schiffer Heydorn, der Führer des Schiffes, wie er solches unter den gegebenen Umständen als vorsichtiger Schiffer hätte thun müssen, einen etwas höheren Curs hätte steuern lassen.

69. Spruch des Seeamts zu Bremerhaven vom 20. März 1880, betreffend den Seeunfall des deutschen Dampfers „Mosel“ von Bremen.

Ladung in Brand gerathen.

Als der zu Bremen heimathberechtigte Dampfer »Mosel«, Schiffer Neynaber, sich auf der Fahrt von Bremerhaven nach New-York am 3. October 1879 Abends gegen 8 Uhr auf 49 ° 25 ′ N, 23 ° 20 ′ W befand, wurde bemerkt, dass aus der hinteren Zwischendecksluke Rauch aufstieg. Die sofort angestellte nähere Untersuchung liess keinen Zweifel darüber, dass die an Backbordseite neben dem Kesselraum verstaute Ladung in Brand gerathen sei. Es wurde nun sofort, indem die Fahrt gemindert und alle Segel weggenommen wurden, unter Fortschaffung der zwischenliegenden Ladung der Versuch gemacht, nach der Feuerstelle zu gelangen; doch wurde erst um 11 Uhr, nachdem inzwischen von verschiedenen Seiten durch eingelassene Schläuche Wasser in den betreffenden Raum eingeführt, die Gänge ganz unter Wasser gesetzt und der Qualm, welcher zeitweilig ein Vordringen unmöglich gemacht hatte, geringer geworden war, der Herd des Feuers erreicht. Um 12 Uhr war das Feuer vollständig gelöscht.

Die weiteren Untersuchungen ergaben, dass im ganzen etwa 60 Kisten verbrannt resp. angebrannt waren, und zwar derart, dass der Brand sich von unten auf trichterförmig nach oben verbreitet hatte. Als Inhalt von etwa 20 der in Brand gerathenen Kisten stellten sich Seidenwaaren, die übrigens nicht als solche declarirt waren, heraus. Dieselben bestanden aus drei verschiedenen Sorten — schwarzes Seidengarn, schwarzes Seidengewebe, braunes Seidengarn —, von denen jede in getrennten Kisten verpackt war. Welche Sorten die zu unterst verpackten Kisten enthalten haben, ist nicht festgestellt. Die Seidenwaarenkisten waren, soweit sich nachher noch bemerken liess, sämmtlich mit Blech ausgeschlagen.

Die vernommenen Personen der Schiffsbesatzung halten die Möglichkeit, dass das Feuer von aussen her, insbesondere etwa aus dem in der Nähe befindlichen Kesselraum an die fragliche Ladung gekommen sei, für vollständig ausgeschlossen, haben vielmehr ihre Ueberzeugung übereinstimmend dahin ausgesprochen, dass nur durch Selbstentzündung der Ladung, und zwar, da der Inhalt der übrigen in Brand gerathenen Kisten unverdächtig gewesen sei, des aus Seidenwaaren bestehenden Theils derselben der Brand entstanden sein könne.

Die Seide ist, wie der Schiffer an den übrig gebliebenen Resten bemerkt hat, recht fest verpackt gewesen und hat, wie auch von den übrigen vernommenen Personen bestätigt wird, gut und trocken gelegen, so dass vor dem Brande kein Wasser an dieselbe hat kommen können.

Proben der fraglichen Seide sind mitgebracht und dem Seeamt eingeliefert worden. Dieselben sind seitens des hiesigen Medicinalchemikers Dr. Barth untersucht, und hat derselbe unter näherer Begründung sein Gutachten dahin abgegeben, dass von den drei Seidensorten das schwarze Seidengarn sehr erheblich, und in geringerem Masse auch das schwarze Seidengewebe gerbsaure

Eisenoxydul-Verbindungen enthalten und in Folge dessen jedenfalls das erstere, wahrscheinlich aber auch das letztere sich ohne äussere Einwirkung entzünden könne. Der Sachverständige hat sich ferner dahin ausgesprochen, dass überhaupt in betreff schwarzer Seidenstoffe, falls — wie das jetzt häufig geschehe — zum Färben derselben eine Verbindung von Gerbsäure mit Eisenoxydul verwandt werde, die Gefahr einer Selbstentzündung vorliege und diese um so grösser sei, je stärker die Seide beschwert, je feuchter und frischer die Farbe, je grösser der Ballen, in welchem sie verpackt, und je fester die Verpackung sei.

Das Seeamt hat aus dem verstehend dargelegten Sachverhalt eine andere Ursache des Brandes als die Möglichkeit einer Selbstentzündung der Seidenwaaren nicht zu entnehmen vermocht, hält es vielmehr auf Grund der Aussagen der vernommenen Personen und auf Grund des vom Sachverständigen abgegebenen Gutachtens für höchst wahrscheinlich, dass der Brand durch Selbstentzündung der unter der Ladung befindlichen Seidenwaaren, von welchen namentlich das schwarze Seidengarn als feuergefährlich betrachtet werden muss, verursacht worden ist.

70. Spruch des Seeamts zu Rostock vom 22. März 1880, betreffend den Seeunfall des Ewers „Magdalena" von Heiligenhafen.

Sinken des Schiffes in Folge eines Lecks.

Der Spruch des Seeamts lautet:

> dass der am 23. November 1879 in der Ostsee unweit Fulgen erfolgte Untergang der »Magdalena« lediglich elementaren Ereignissen beizumessen ist und weder den Schiffer noch die Mannschaft eine Schuld an demselben trifft.

Entscheidungsgründe. I. Der in Heiligenhafen beheimathete Ewer »Magdalena«, Unterscheidungssignal LDQK, ist im Jahre 1835 zu Wisch bei Elmshorn aus eichen Holz in Krawelart mit plattem Gatt erbaut, war 17,25 m lang, 4,56 m breit und vom Kiel zum Deck 1,52 m tief, mit zwei Masten versehen und im Jahre 1875 in Schleswig zu 73,8 cbm oder 26,05 Register Tons Netto-Raumgehalt vermessen worden. Im Jahre 1870 kaufte ihn Schiffer Orts zu Heiligenhafen meistbietend für 1830 ℳ. Derselbe hat das Fahrzeug wiederholt gründlich zimmern lassen, zuletzt im Jahre 1877 durch den Schiffszimmermeister Arp zu Laboe bei Kiel, welcher es seiner Angabe nach vom Kiel bis nach oben gänzlich abgedichtet, gehörig mit Spiekern und Bolzen versehen, die Garnirung theilweise erneuert und so wieder in einen vollkommen seetüchtigen Zustand gebracht hat. Im vorigen Jahre ist denn auch die »Magdalena« in Stettin durch die dortigen Experten des Büreau Veritas besichtigt und zur Classe A. II. gehörig befunden worden, eine Classe, welche nach dem Erachten dieser Experten zum Transport von Artillerie-Material, insbesondere von Laffeten, ausreichend ist.

Schiffer Orts war alleiniger Eigenthümer des Schiffes und hat dasselbe bis zuletzt geführt.

II. Am 21. November 1879 verliess die »Magdalena« Swinemünde, im Auftrage des dortigen Artillerie-Depôts vier eiserne Küsten-Laffeten nach dem Fort Grauerort bei Stade zu befördern. Dieselben hatten ein Gesammtgewicht von 30 000 kg und waren in der Weise verstaut, dass die beiden Unterlaffeten, an denen sich die Räder befanden, im Raume auf einem starken Garnier von Balken und Planken mittelst Keile und eisener Ketten befestigt waren, die Oberlaffeten aber auseinander genommen, die Rahmen auf dem Deck und die kleineren Theile ebenfalls im Raume verladen waren. Auch auf Deck war eine Unterlage durch quer übergelegte Balken hergestellt und unter dem Deck waren Stützen angebracht, um dessen Tragkraft zu vermehren. Der Schiffsbaumeister Müller in Swinemünde hat vor Beginn der Reise die Verstauung geprüft und dieselbe für durchaus tüchtig erklärt, wie er sie auch nicht anders gemacht haben würde.

Die Reise hatte nach den übereinstimmenden Aussagen des Schiffers Orts und der Matrosen Norberg und Heistermann, welche mit dem ersteren zusammen die Besatzung des Ewers bildeten, den nachstehenden Verlauf.

Nachdem die »Magdalena« am 21. November Morgens den Hafen von Swinemünde verlassen hatte, verfolgte sie mit frischer Brise aus O den Curs nach NNO und passirte Nachmittags etwa 5 Uhr die Spitze von Jasmund. Abends 5½ Uhr kam das Feuer von Arcona in Sicht. Der Wind war nördlicher geworden und zum Sturm angewachsen, die See ging sehr hoch und der Ewer musste alle Segelkraft anwenden, um nicht der Brandung bei Jasmund zu nahe zu kommen. Damals zeigte sich zuerst Wasser im Raum, die Leepumpe schlug jedoch noch lens. In der Nacht ging der Wind wieder mehr nach O, blieb aber von gleicher Heftigkeit. Hinter Wittmund ward die See etwas ruhiger. Schiffer Orts ging daher Nachts 1 Uhr etwa Darsser Ort gegenüber auf 4 Faden Wasser zu Anker. Er besichtigte nun mit seinen Leuten den Raum und bemerkte, dass die eine Laffete etwa 4 Zoll seitwärts abgewichen war und die Garnirung an Backbordseite gebrochen hatte. Wo sich aber der Leck befand, konnte er nicht erkennen. Er liess beide Pumpen in Gang bringen, welche nach etwa einer Stunde lens schlugen. Von da an wurde nur noch mit der Backbords-Pumpe gearbeitet, mit welcher man denn auch zur Zeit noch des Wassers Herr blieb. Am 22. November Morgens 7 Uhr ward der Anker gelichtet und die Reise fortgesetzt in der Absicht, Warnemünde als Nothhafen zu erreichen. Der Wind war inzwischen nach SO gegangen und ganz flau geworden, so dass der Ewer wenig Fahrt machte. Mittags 1 Uhr wurde Darsser Ort passirt. Die Pumpe schlug noch lens. Nachmittags 3 Uhr frischte der Wind aus S auf. Die Luft war dick, die Besatzung hatte das Loth im gange und suchte sich der Küste zu nähern, konnte aber, weil das Wetter mit dem Eintritt des Abends neblig geworden war, von dem Warnemünder Feuer nichts sehen. Inzwischen hatte das Wasser im Raum derart zugenommen, dass sich der Ewer stark nach Lee überlegte. Man ging daher Abends 10 Uhr wieder zu Anker, um erst lens zu pumpen, was in etwa einer Stunde gelang. Nun wurden Grosssegel, Besahn, Fock und Sturmklüver wieder gesetzt, allein schon nach einer Viertelstunde legte sich der Ewer von neuem auf die Seite und drohte zu kentern, so dass das Hintersegel weggenommen werden musste. Am 23. November Morgens 3 Uhr ging der Wind nach SW mit ziemlicher Briese, und liess der Schiffer daher den Curs SO gerade auf die Küste zu nehmen. Jetzt mehrte sich indess das Wasser im Raum trotz fortgesetzten Pumpens, wahrscheinlich weil der Leck an Backbordseite war, zusehends, und Morgens 4 Uhr, als bereits die Küste durchschimmerte, musste man, etwa Fulgen gegenüber, abermals zu Anker gehen, um lens zu pumpen. Das Wasser nahm jedoch in dem Masse zu, dass es nicht mehr mit den Pumpen zu bewältigen war. Morgens 7 Uhr liess der Schiffer die Nothflage setzen, in der Hoffnung, von der nahen Küste Hülfe zu erhalten. Diese Hoffnung war jedoch eine vergebliche, und als um 9 Uhr das Wasser bereits auf 3 Fuss gestiegen war, liess derselbe das Boot klar machen, seine und seiner Leute Effekten hinein schaffen, und um 10 Uhr verliessen alle, da keine Hülfe nahte, das Schiff, dessen Standort sie zuvor durch Landpeilungen und Lothungen als auf 54° 13′ N. B. und 11° 48′ O. L. festgestellt hatten. In etwa einer Stunde erreichten sie die Küste und segelten sodann längs derselben nach Warnemünde, wo sie Nachmittags 5 Uhr eintrafen. Unterwegs sahen sie vom Boote aus die »Magdalena« versinken.

III. Die Ladung ist demnächst durch den Bergedampfer »Oeresund« geborgen worden. Der dabei adhibirte Taucher P. Jörensen aus Copenhagen hat darüber das Folgende berichtet:

Das Schiff habe auf 8 Faden Tiefe gestanden, 2 Fuss in den Sand eingewellt. Die Masten seien herausgerissen gewesen und hätten in der Takelage gehangen. Am Vorsteeven hatten Schandeckel und Planken sich etwa 6 Zoll an beiden Seiten bis zum Kiel hinunter abgelöst gehabt. An Backbordseite mittschiffs seien die Stützen gebrochen gewesen, die Deckslast über Bord gegangen. Die Laffeten im Raum seien nach vorn geschleudert gewesen und habe daher ein Theil des Decks aufgebrochen werden müssen, um sie bergen zu können.

IV. Wie die deutsche Seewarte bestätigt hat, stand am 21. und 22. November v. J. in der Ostsee auf der Greifswalder Höhe eine grobe See.

V. Die »Magdalena« war zu etwa ⅔ mit 2 500 ℳ. in Hamburg versichert.

VI. Nach den vorstehend zusammengestellten Ergebnissen der stattgehabten Untersuchung unterliegt es

1. im Hinblick auf das unter I. erwähnte Zeugniss der Experten des Büreau Veritas keinem Zweifel, dass sich die »Magdalena«, als sie Swinemünde verliess, in einem vollkommen seetüchtigen Zustande befand und zum Transport von Artillerie-Material, einer immerhin gefährlichen Ladung, noch wohl geeignet war. Soweit ermittelt, war sie mit allem Erforderlichen für die Reise gut ausgerüstet und die nur aus 3 Personen bestehende Besatzung muss bei den geringen Dimensionen des Schiffes und dessen einfacher Takelung für genügend erachtet werden. Dass aber die Ladung zu schwer gewesen sei, ist schon aus dem Grunde nicht anzunehmen, weil Schiffe mit flachem Boden wie die »Magdalena« eine Tragkraft besitzen, welche die vermessene nahezu um die Hälfte übersteigt.

Was sodann

2. die Frage nach der Entstehungsursache des Leckes anlangt,

welcher demnächst das Sinken des Ewers zur Folge hatte, so ist als erwiesen anzusehen, dass derselbe durch das Ausweichen einer der beiden im Raum verstaueten Laffeten herbeigeführt ist. Bei dem bedeutenden Gewicht der letzteren konnte die Schiffswand dem auf sie jetzt unmittelbar wirkenden Drucke, zumal bei der am Abend des 21. November hoch gehenden See, unmöglich widerstehen, das Garnier ward eingedrückt und es entstand ein Leck, welcher sich, da der Druck nicht zu heben war, von Stunde zu Stunde vergrössern musste.

3. Welchem Umstande das Ausweichen der Laffete beizumessen ist, darüber hat die Untersuchung Bestimmtes nicht ergeben. Wahrscheinlich haben die Ketten und Keile, mittelst deren die Laffete im Raum befestigt war, nachgelassen und die letztere ist, weil der Ewer damals nach Backbord überlag, dorthin ausgewichen.

Da die Verstauung der Laffeten im Raum, wie in rat. II dargethan worden, mit grosser Umsicht ausgeführt und vor Beginn der Reise von einem Sachverständigen, dem Schiffsbaumeister Müller in Swinemünde, geprüft und für tadellos erklärt ist, so kann das Seeamt nur annehmen, dass das Nachlassen der Ketten oder Keile nicht eine Folge mangelhafter Verstauung gewesen, sondern wesentlich durch das starke Schlingern des Schiffes verursacht ist und dass mithin den Schiffer ein Verschulden daran nicht trifft.

4. Nach Eintritt des Leckes haben Schiffer und Mannschaft alles gethan, was zur Abwendung der Gefahr des Sinkens und zur Rettung von Schiff und Ladung irgend geschehen konnte. Die ausgewichene Laffete in ihre frühere Lage zurückzubringen, war bei deren Schwere nicht möglich. Dagegen bemühte sich die Besatzung, durch fleissiges Pumpen des Wassers Herr zu bleiben, suchte Warnemünde als nächsten Nothhafen zu gewinnen, setzte am Morgen des 23. November, als das Wasser überhand nahm, die Nothflagge und verliess das lecke Schiff erst dann, als jede Hoffnung auf Hülfe vom Lande her geschwunden und der Ewer dem Sinken nahe war.

5. Die Führung des Schiffs-Journals endlich hat zu keinerlei Ausstellungen Anlass gegeben.

71. Spruch des Seeamts zu Rostock vom 22. März 1880, betreffend den Seeunfall des Schooners „Caecilia Maria" von Arnis.

Strandung und Verlust des Schiffes bei Warnemünde.

Der Spruch des Seeamts lautet:

1. dass die am 10. December 1879 unweit Warnemünde erfolgte Strandung des Schooners von dessen Schiffer absichtlich herbeigeführt wurde, um Schiff und Ladung und Besatzung zu retten,
2. dass diese Massregel eine vollkommen gerechtfertigte war, und
3. dass weder dem Schiffer noch der Mannschaft ein Verschulden an dem Seeunfall beigemessen werden kann.

Entscheidungsgründe. I. Inhalts der beim Königlichen Amtsgericht zu Schleswig geführten, dem Seeamt dorther mitgetheilten Registeracten ist die »Caecilia Maria«, mit dem Unterscheidungs-Signal LQKF und in Arnis beheimathet, im Jahre 1853 zu Flensburg aus eichen Holz mit plattem Gatt und einem Mast als Jacht erbaut, im Jahre 1871 aber zum Gaffelschooner umgetakelt worden. Seit 1868 befindet das Schiff sich im alleinigen Eigenthum des Schiffers Martin Graack zu Arnis in Schleswig, welcher es seitdem geführt hat. Vermessen ist es im Jahre 1874 in Rostock zu 67,21 Register-Tons Netto-Raumgehalt.

Das Schiff hatte beim Germanischen Lloyd vom März 1878 an auf vier Jahre die Klasse A. I erhalten und war zu 14000 Kronen in Copenhagen versichert.

II. Nach den übereinstimmenden Aussagen des Schiffers und seiner aus einem Bestmann, einem Koch und einem Leichtmatrosen bestehenden Mannschaft, welche letzteren ihre Angaben vor dem Seeamt beschworen haben, verliess der Schooner am 2. December 1879 Danzig mit einer Ladung von 1607 Stück eichener Eisenbahnschwellen, um dieselben nach Eckernförde zu befördern. Die Schwellen waren grösstentheils im Raum verstaut und nur 215 Stück auf Deck verladen. Es war SSW Wind und harter Frost. In der Nacht vom 2/3. December ward Rixhoeft passirt. Am Morgen des 3. December ging der Wind nach WSW und steigerte sich zum Sturm. Der Schooner hielt daher mit Steuerbordhalsen auf die Küste zu, um Schutz zu suchen, und wandte sich dann nach Neufahrwasser zurück. Am Morgen des 4. December kam ein

Lootse an Bord, welcher ihn in den dortigen Hafen bringen sollte. Da aber der Wind mehr südlich gegangen und flau geworden war, wollte das nicht gelingen und setzte daher der Schooner am 5. December Morgens seine Reise mit SSO Wind fort. Nachdem Nachmittags 2 Uhr Hela passirt war, steuerte er längs der Küste. Der harte Frost dauerte an. Nachts 12 Uhr ward Rixhoeft, am Morgen des 6. December Jershoeft passirt. Der Wind wehte stürmisch aus ONO. Am 7. December Morgens ward Arcona umsegelt und Abends kam Dornbusch in Sicht. Am 8. December ging der Wind nach Süd und flaute ab. Abends 8 Uhr wurde Darsserort-Feuer in Süd gepeilt, am 9. December Morgens 4 Uhr Gjedsör Feuerschiff in Nord. Im Laufe dieses Tages setzte wieder starke Kälte ein. Der Schooner lag SWzS beim Winde, welcher jetzt aus West wehte; die Luft war bedeckt. Abends ungefähr 7 Uhr sah man das Warnemünder Feuer im Süd. Es herrschte immer noch starker Frost, der Wind nahm zu, und der Schiffer liess nicht nur alle leichten Segel festmachen, sondern auch ein Reff in das Schoonersegel, zwei in das Grosssegel nehmen. Die See ging hoch, und der Schooner nahm viel Wasser über, welches sogleich zu Eis gefror. Die Mannschaft war bemüht, das letztere zu zerschlagen, um das hart arbeitende Schiff manövrirfähig zu erhalten. Im weiteren Verlaufe des Abends ward das Wetter aus WSW stürmisch, es trat Schneegestöber ein, die Kälte stieg und der Schooner hüllte sich mehr und mehr in Eis. Am 10. December Morgens 2 Uhr war er dem Sinken oder Kentern nahe. Das Grosssegel war inzwischen festgemacht, die Mannschaft total ermattet und verklahmt. Der Schiffer hielt einen Schiffsrath und man beschloss, da das Schiff des Eises halber manövrirunfähig geworden war, die Küste aufzusuchen. Um 3½ Uhr Morgens stiess denn auch der Schooner auf den Grund. Das laufende Tauwerk ward gekappt, um die in Eis starrenden Segel herunter zu bekommen. Die Pumpen waren eingefroren und versagten den Dienst. Um 6 Uhr Morgens fanden sich drei Fuss Wasser im Raum. Mit Tagesanbruch setzte man die Nothflagge, und zwischen 10 und 11 Uhr Vormittags kamen ein Dampfer und ein Rettungsboot aus dem westlich belegenen Hafen von Warnemünde, welche sich dem Schooner näherten und denen es gelang, dessen Besatzung mit dem grössten Theile ihrer Effecten abzunehmen. Das Schiffsjournal ist jedoch nicht mit geborgen worden.

III. Der Lootsencommandeur Jantzen aus Warnemünde,

welcher das Rettungsboot befehligte, hat sich über den Strandungsfall folgendermassen ausgesprochen:

Am 10. December 1879 nach Tagwerden habe er östlich von Warnemünde ein Schiff in der Nähe des Strandes bemerkt. Es sei dunstiges Wetter mit Schnee und starke Briese aus West gewesen. Er sei sofort mit dem Rettungsboote hinausgegangen und habe das grade unter Dampf liegende Dampfboot Courir beordert, ihm zu folgen. Als sie dem fremden Schiffe nahe gekommen, hätten sie in demselben den Schooner »Caecilia Maria« erkannt. Derselbe habe mit dem Kopfe der See zu gelegen und sei ganz in Eis gehüllt, von Winde und Spill nichts mehr zu sehen gewesen. Das Schoonersegel habe noch gestanden, ebenso die Stagfock und das Focksegel. Der Schiffer und die Mannschaft seien gänzlich erschöpft und halb verklahmt gewesen. Im Raum habe er 3 bis 4 Fuss Wasser gefunden. Er sei nun zunächst nach Warnemünde zurückgegangen, habe dort noch 2 Dampfer angenommen, diese sowie den Courir durch Bugsirtaue mit dem Schooner, nachdem dessen Deckslast entfernt worden, verbinden lassen und versucht, denselben so abzubringen. Da indess der Wind nach Nord gegangen und heftiger geworden, so sei dieser Versuch erfolglos geblieben, der Schooner habe sich vielmehr, nachdem er wiederholt stark aufgestossen, mehr auf Backbordseite übergelegt und sich schnell mit Wasser gefüllt.

Seiner Meinung nach sei derselbe ganz manövrirunfähig und die erstarrte Besatzung ausser Stande gewesen, damit die Reise fortzusetzen, so dass ihr nichts übrig geblieben sei, als den Strand aufzusuchen. Hätte der Schiffer schon Abends vorher Nothsignale gegeben, so würde es wahrscheinlich gelungen sein, das Schiff in den Warnemünder Hafen einzubringen. Um jene Zeit habe derselbe aber wohl noch auf den Eintritt günstigerer Witterung gehofft, und da die Kälte erst in der Nacht erheblich zugenommen habe, so sei damals allerdings noch kein genügender Grund vorhanden gewesen, einen Nothhafen aufzusuchen.

IV. Am 16. December 1879 ward die »Caecilia Maria« durch den grade in Warnemünde liegenden Bergedampfer »Oeresund« mit dem grössten Theile der Ladung geborgen. Sie ist dann nach Rostock auf die Werfte des Schiffsbaumeisters Burchard gebracht und dort aufgeschleppt. Bei der alsdann vorgenommenen Besichtigung ist der Schade an Schiff und Inventar auf = 7 730 ℳ geschätzt worden.

V. Der von der deutschen Seewarte zu Hamburg erbetene Witterungsbericht constatirt, dass am 9. December 1879 8 Uhr Abends bei Warnemünde der Wind SW, die Luft dunstig, die See mässig bewegt, die Kälte 5—6 ° Celsius und am 10. December Morgens 8 Uhr ebendaselbst der Wind starke Briese aus WSW, die Luft dunstig, die Temperatur — 2 °,8 Celsius und grobe See gewesen sei.

VI. Bei Beurtheilung des vorliegenden Seeunfalles muss zunächst

1. die Besatzung des Schooners, eines kleinen Fahrzeugs von 67 Register-Tons, obwohl sie nur aus 4 Personen bestand, für eine genügende erachtet werden, und eben so wenig haben sich hinsichtlich der Beschaffenheit des Schiffes, dessen Ausrüstung und des Gewichtes der Ladung, sowie der Verstauung der letzteren irgend welche Ausstellungen ergeben.

2. Die Frage, ob die in der Nacht vom 9/10. December 1879 erfolgte freiwillige Strandung des Schooners, welche bedeutende Beschädigungen des letzteren zur Folge hatte, eine durch die Umstände gebotene war, ist zu bejahen. Das Schiff war der Art mit Eis bedeckt, dass es vollkommen manövrirunfähig geworden war und jeden Augenblick zu kentern drohte. Die Reise mit demselben fortzusetzen, war unmöglich, um so mehr, als die Besatzung bereits schwer von der Kälte gelitten hatte und vom Eisschlagen erschöpft war. Im Interesse der Erhaltung des Schiffes, der Ladung und der Besatzung lag es daher, den Strand aufzusuchen, welchem man sich, da man seit dem Abend SWzW anlag, bereits erheblich genähert hatte.

3. Dass es den Warnemünder Lootsen gelungen sein würde, das Schiff in den dortigen Hafen einzubringen, wenn auf demselben am Abend des 9. December Lootsensignale gesetzt worden wären, nimmt das Seeamt als wahrscheinlich an. Allein damals war die Lage des Schooners noch keine derartige, dass das Aufsuchen eines Nothhafens geboten gewesen wäre. Die starke Kälte hatte noch nicht eingesetzt, man konnte das sich auf Deck bildende Eis noch bewältigen, und der Wind war für die Fortsetzung der Reise günstig. Erst als mit Beginn der Nacht die Kälte zunahm, als in Folge dessen der Schooner mehr und mehr in Eis gehüllt und fast manövrirunfähig ward, musste sich eine solche Massregel empfehlen. Da aber inzwischen Schneegestöber eingetreten war, so dass man vom Warnemünder Feuer nichts mehr sah, so war es

um jene Zeit unmöglich, sich der dortigen Lootsenstation durch Signale irgend welcher Art bemerklich zu machen, und kann es daher nicht getadelt werden, wenn Schiffer Graack dieselben unterliess und sofort die nahe Küste anlief, wozu er übrigens auch durch den Umstand gezwungen war, dass es ihm bei der gänzlichen Manövrirunfähigkeit des Schiffes nicht gelungen sein würde, dasselbe über den anderen Bug zu bringen.

4. Auch nach erfolgter Strandung haben Schiffer und Mannschaft ihre volle Schuldigkeit gethan, das laufende Tauwerk gekappt, um die mit Eis überzogenen Segel herunter nehmen zu können, und mit Tagesanbruch die Nothflagge geheisst. Als sie endlich abgeborgen wurden, waren sie verklahmt und völlig ermattet, so dass sie baldthunlichst nach Warnemünde befördert werden mussten. Wenn dabei Schiffer Graack es versäumte, das in der Kajüte befindliche Schiffsjournal in Sicherheit zu bringen und dieses demnächst verloren gegangen ist, so meint das Seeamt, dass eine solche Versäumniss in den obwaltenden Umständen seine hinlängliche Entschuldigung findet.

72. Spruch des Seeamts zu Danzig vom 22. März 1880, betreffend den Seeunfall des Schooners „Auguste" von Swinemünde.

Strandung und Verlust des Schiffes bei Grossendorf.

Der Spruch des Seeamts lautet:

dass die am 28. Februar 1880 erfolgte Strandung des Schooners »Auguste« nicht einer Verschuldung des Schiffers oder des Steuermanns, sondern lediglich elementaren Gewalten zuzuschreiben ist.

Gründe. Der Schooner »Auguste«, Schiffer Carl Borgwardt, ist am 28. Februar 1880 in der Nähe des Dorfes Grossendorf gestrandet, und ist es bisher nicht gelungen, das Schiff vom Strande abzubringen. — Wenngleich es zur Zeit noch nicht feststeht, dass das Schiff aufgegeben werden muss, so ist es doch wenig wahrscheinlich, dass die Rettung des bereits vor drei Wochen gestrandeten Schiffs noch gelingen werde, und erschien daher die Einleitung der Untersuchung des Seeunfalles angemessen.

Durch die von der aus dem Schiffer Borgwardt, dem Steuermann Pries, dem Jungmann Casten und dem Koch Ehlert bestehenden Schiffsmannschaft vor dem Königlichen Amtsgerichte zu Putzig am 9. März 1880 abgegebene eidliche Verklarung und durch die vor dem Seeamte gemachten eidlichen Aussagen des Schiffskapitäns Borgwardt, des Jungmanns Casten und des Kochs Ehlert hat das Seeamt Folgendes als thatsächlich feststehend angenommen:

Das im Jahre 1877 in Swinemünde neu erbaute, gut ausgerüstete und insbesondere auch mit neuen Segeln ausgerüstete Schiff »Auguste«, welches in der Veritas Classe III. III. 1. 1. für 12 Jahre erhalten hat, verliess am 10. Januar 1880 mit einer Ladung Buchweizen, Buchweizengrütze und Roggen Libau, um nach Flensburg zu segeln. In der Gegend von Stolpmünde wurde das Schiff durch heftige contraire Winde genöthigt, zurückzugehen und in den Hafen von Neufahrwasser als Nothhafen einzulaufen. Hier wurde das Schiff vom 15. Januar bis 24. Februar 1880 durch contraire Winde und Eis aufgehalten. — Am 24. Eebruar 1880 ging das Schiff mit Südostwind wieder in See, musste aber in der Gegend von Leba in Folge eines westlichen Sturmes wieder zurückgehen und ging zunächst in der Gegend von Rixhoeft in der Bucht von Chlapau vor Anker und lief, als es sich auch dort nicht halten konnte, bis hinter Hela zurück.

Am 28. Februar Morgens lief das Schiff mit südwestlichem Winde nach Rixhoeft, ging aber dort wegen des starken Sturmes vor Anker. Während das Schiff dort lag, drehte sich der Wind nach Westen, und zwar nahm der Sturm dergestalt an Stärke zu, dass der Anker nicht mehr hielt, und aufgenommen werden musste. — Es war zwar noch ein zweiter Anker an Bord, das Schiff konnte sich aber, da der Wind sich immer mehr von Westen nach Norden zu drehte, in der Bucht vor Rixhoeft nicht halten. — Als der Anker aufgenommen wurde, war es ungefähr 8 Uhr Abends; es war sehr dunkel mit fortwährenden Schneeböen, so dass das Rixhoefter Feuer nicht zu sehen war.

Nach dem Aufhieven des Ankers liess Schiffer Borgwardt das gereffte Stagsegel setzen und nahm einen südöstlichen Curs um nach Hela zu kommen. Es wurde wiederholt gelothet und ergab die Lothung 12 bis 13 Faden Wasser. Die See ging sehr hoch, und nahm das Schiff viel Wasser über Deck. — Da das Schiff mit dem Stagsegel allein nicht gut steuerte, so wurde noch das dicht gereffte Schoonersegel beigesetzt. — Der Sturm wurde so stark, dass beide Segel zerrissen; weitere Segel setzte Schiffer Borgwardt nicht, weil er fürchtete, dass das Schiff bei dem starken Sturme kentern werde. — Der Wind war NW und NWzW und flog auch herum bis NWzN. — Nach dem Zerreissen der Segel folgte das Schiff nicht mehr dem Ruder, und wurde auf das Land zu getrieben. — Nach einiger Zeit stiess das Schiff auf Grund; es wurde fortwährend gelothet; als die Segel zerrissen, ergab die Lothung noch 7 bis 9 Faden Wasser, kurz vor dem Aufstossen des Schiffs aber nur 3 bis 4 Faden. — Der herrschende Nordweststurm setzte das nach dem Zerreissen der Segel nicht mehr dem Ruder gehorchende, in südöstlicher Richtung treibende Schiff mit dem Bug südlich herum, so dass es nunmehr in westnordwestlicher Richtung gegen das Land lag. Das erste Aufstossen des Schiffs geschah um 11 Uhr Abends; bald nachher kam das Schiff wieder frei von Grund, stiess aber bald wieder auf und bekam heftige Sturzseen über Deck. — Am 29. Februar 1880 Morgens gegen 10 Uhr wurde die Schiffsmannschaft durch Fischer aus dem der Strandungsstelle zunächst gelegenen Fischerdorfe Grossendorf gerettet. Das Schiffsjournal war mit anderen zu rettenden Gegenständen in einen Sack gesteckt, dieser Sack aber ist verloren gegangen; die auf dem Schiffe benutzte Seekarte der preussichen Küste ist in der Kajüte des Schiffs durch das eingedrungene Wasser zerstört.

Die Vernehmung des Steuermanns Pries vor dem Seeamte musste unterbleiben, weil derselbe nach Deposition der Verklarung vor dem Königlichen Amtsgerichte zu Putzig sich nach seiner Heimath in Torgelow bei Ueckermünde begeben hatte.

Auf Grund des vorstehenden Sachverhältnisses hat das Seeamt den oben angegebenen Spruch gefällt.

Als am 28. Februar Abends 8 Uhr der Anker des in der Bucht vor Rixhoeft liegenden Schiffs nicht mehr hielt, ist das Schiff während des Aufhievens des Ankers, das längere Zeit in Anspruch genommen hat, bei dem Mangel jeder Segelführung lediglich dem nicht bestimmbaren Einflusse des Sturmes und der Strömung ausgesetzt gewesen, so dass der Schiffer Borgwardt, als endlich der Anker eingenommen war, und das gereffte Stagsegel und demnächst auch das gereffte Schoonersegel gesetzt war, bei dem Mangel eines sichtbaren Feuers unmöglich den Standpunkt des Schiffes bestimmen konnte. — Das einzige Mittel zur Bestimmung des Standpunktes des Schiffes war das Lothen und dieses Mittel hat er angewendet, jedoch ist nicht zu verkennen, dass bei den obwaltenden Verhältnissen, insbesondere bei der Bewegung des Schiffes und der hochgehenden See das Lothen einen sicheren Anhalt nicht gewähren konnte. Der vom Schiffer Borgwardt genommene südöstliche Curs war der richtige, als aber die gesetzten Segel zerrissen wurden und das Setzen neuer Segel das Kentern des Schiffes bei heftigem Sturme befürchten liess, und demzufolge das Schiff dem Ruder nicht mehr folgte, konnte wohl das angewendete fortwährende Lothen über die Annäherung des Schiffes an das Land Auskunft geben, dagegen war das Schiff unabhängig von dem Willen und der Thatkraft der Schiffsmannschaft lediglich den Wirkungen des Sturmes und der Strömung preisgegeben. — Den Wirkungen dieser elementaren Gewalten allein ist die erfolgte Strandung des Schiffes zuzuschreiben.

73. Spruch des Seeamts zu Rostock vom 18. December 1879 und Entscheidung des Ober-Seeamts vom 22. März 1880, betreffend den Seeunfall der Bark „Wilhelm Schmidt" von Rostock.

Verlust des Schiffes in Folge absichtlichen auf den Strandsetzens.

Der Spruch des Seeamts lautet:

1. Erwiesen ist, dass Schiffer Koop am 6. März 1879 die leckgesprungene Bark zwischen Monaco und Mentone absichtlich auf den Strand gesetzt hat.
2. Diese Massregel, welche den gänzlichen Verlust von Schiff und Ladung zur Folge hatte, war eine völlig verfehlte und durch die Umstände keineswegs geboten.
3. Dem Schiffer Koop wird daher die Befugniss zur Ausübung des Schiffergewerbes auf Grund des §. 26 des Reichsgesetzes vom 27. Juli 1877, betreffend die Untersuchung von Seeunfällen, entzogen.

Entscheidungsgründe. 1. Die Rostocker Bark »Wilhelm Schmidt«, Unterscheidungs-Signal MCDH, ist Inhalts der Registeracten in den Jahren 1861/62 vom Schiffsbaumeister Rickmann zu Rostock für Rechnung des Schiffers Heinrich Voss in Wustrow aus Eichenholz mit buchenem Kiel erbaut worden und zu 748,1 cbm oder 264,08 Register-Tons Netto-Raumgehalt vermessen. Im Jahre 1872 übernahm sie der Schiffer Nicolaus Jacob Koop, ebenfalls aus Wustrow, welcher $^{34}/_{60}$ Parten im Schiffe hat und mit denselben bei einer Schiffsversicherungs-Gesellschaft in Rostock zu 6000 ℳ. versichert war. Wie Schiffer Koop in Uebereinstimmung mit den Angaben des Steuermanns Seitz versichert, ist die Bark, welche erst im Frühling 1878 zu Hull nachgesehen und calfatert worden, stets ziemlich dicht gewesen und hat durchschnittlich höchstens 6—7″ Wasser in 24 Stunden gemacht. Ihr ist denn auch ausweislich des zu den Acten des Seeamts gekommenen Certificats erst im December 1878 vom Germanischen Lloyd auf Grund stattgehabter Besichtigung die Classe A. I. für die Dauer von 2 Jahren ertheilt worden.

2. Am 3. März 1879 verliess die Bark mit einer aus 117 Marmorblöcken verschiedener Grösse, 79 Marmorplatten, 4 Kisten Marmor und verschiedenen Stückgütern in Fässern, Kisten und Säcken bestehenden, etwa im Ganzen = 6300 Centner wiegenden Ladung den Hafen von Livorno, um nach Antwerpen zu gehen. Sie war en rouge befrachtet, d. h. Schiffer Koop musste für die ihm zugesicherte Fracht von 320 £ so viel laden, als sein Schiff gut tragen konnte. Nach dem Zeugniss des Stauers, unter dessen Leitung die Ladung in Livorno verstauet wurde, war das Gewicht der letzteren kein unverhältnissmässiges und hätte die Bark noch mehr einnehmen können, wie denn auch Schiffer Koop früher schon bis 400 Tonnen geladen hat, während das Gewicht der Fracht auf der letzten Reise nur etwa 315 Tonnen betragen haben wird. Bei Verstauung der zum Theil mehrere Meter langen und einen Meter starken Marmorblöcke war so verfahren worden, dass dieselben auf einem 6-zölligen Garnier längs des Kielschweins gelagert wurden und somit wesentlich auf den Bornstücken ruhten. Dieselben waren bis etwa $2^1/_2$′ unter Deck aufgestapelt, die oberste Lage sicher vertrempelt, der übrige Raum mit Stückgütern ausgelegt, so dass sich nichts bewegen konnte.

Die Besatzung der Bark bestand ausser Schiffer Koop und dem Steuermann Seitz, aus dem Zimmermann Nonnenprediger, einem Koch und 5 Matrosen und Jungleuten, im Ganzen aus 9 Mann. Das Schiff war, so viel ermittelt, für die Reise wohl ausgerüstet, insbesondere sollen sich nach Angabe des Schiffers gute Karten, darunter eine englische Mittelmeerkarte von 1871/72, sowie eine Küstenkarte von Livorno an Bord befunden haben, welche jedoch, obwohl bei der Strandung geborgen, später mit sonstigen Inventarienstücken in Monaco verkauft sind und somit dem Seeamt nicht vorliegen.

Den Verlauf der Reise haben Schiffer und Mannschaft sowohl bei der Verklarung zu Monaco als auch bei ihren hiesigen Vernehmungen in Uebereinstimmung mit den Aufzeichnungen zum Schiffsjournal folgendermassen dargestellt:

Als die Bark ausging, war das Wetter gut, die See ruhig und der Wind schwach aus ONO. Man hielt WNW Curs und peilte Abends 8 Uhr die Hafenfeuer von Livorno OzN und OzS in 8 Seemeilen Abstand. Am folgendem Tage, den 4. März, blieben Wind und Wetter unverändert, die Bark nahm jedoch den Curs theils W theils WzS und von Mittags an WzN. In der Nacht vom 4/5. März frischte der Wind auf und es kam eine kurze, hohe See erst von vorne, dann von allen Seiten, sodass die Bark stark schlingerte. Am 5. März Morgens 6½ Uhr stieg der Zimmermann Nonnenprediger in den Raum, um dort nachzusehen. Er fand nicht mehr Wasser als gewöhnlich, höchstens 6 bis 7″. Als aber eine Stunde später der Steuermann die Pumpen peilte, fand er bereits 26 bis 27″ Wasser im Raume. Der Schiffer liess sofort die Pumpen in Gang setzen und Vormittags 11 Uhr war das Schiff denn auch bis auf 17 Zoll lens. Nach einer halbstündigen Pause indess war das Wasser schon wieder um 8″ gestiegen. Die Bark stand damals zwischen Corsika und dem italienischen Festlande, etwa in der Mitte, und man konnte beide Ufer deutlich erkennen. Da dem Schiffer die Lage des Schiffes bedenklich erschien, so beschloss er, Toulon oder Marseille als Nothhafen anzulaufen und liess demgemäss den Curs nach NW ändern, setzte aber die Mannschaft von seinem Entschlusse vorläufig noch nicht in Kenntniss. Die Pumpen blieben fortwährend im Gange und für alle Fälle wurden die beiden Boote in Bereitschaft gesetzt. Es wehte eine leichte Briese aus ONO und die See nahm ab. Nachmittags 4 Uhr war das Schiff wiederum bis auf 17″ lens. Die Bark hatte alle Segel bei, lief aber dennoch nur 3 bis 3½ Knoten. Da unter solchen Umständen Toulon nicht vor 2 mal 24 Stunden zu erreichen war und die Kräfte der unablässig an den Pumpen stehenden Mannschaft zu Ende gingen, so theilte der Schiffer der letzteren nunmehr seinen Entschluss, in einem Nothhafen Schutz zu suchen, mit und die Mannschaft billigte denselben. In der Nacht vom 5/6. und am 6. März trat in Wind und Wetter keine Veränderung ein. Die Bark hielt ihren Curs nach NWzN fest, kam aber wenig vorwärts. Das

Wasser im Raum nahm stetig zu und war bereits auf 4' gestiegen; die Bark, welche, als man ausging, 13' tief im Wasser gelegen hatte, lag jetzt 14' tief, die Kräfte der Mannschaft schwanden mehr und mehr und so entschloss sich, seiner Angabe nach, der Schiffer, um von Schiff und Ladung was möglich zu retten, Mittags die Bark auf den Strand zu setzen und hielt deshalb mit nördlichem Curs auf die Küste des Festlandes zu. Nachmittags etwa 5 Uhr stiess dieselbe denn auch unweit Tenao zwischen Monaco und Mentone auf den Grund, rannte einige Male und sass dann mit dem Vordertheile auf einem der Felsen der Pointe de Laveille fest. Die Besatzung schaffte die Schiffspapiere und ihre Effecten in die bereit gehaltenen Boote und rettete sich, da die Brandung schwach war, ohne Mühe an den nahen Strand. Der Schiffer avisirte noch selbigen Abends durch ein fremdes Boot den deutschen Consul in Nizza, welcher denn auch am andern Morgen eintraf. Durch seine Vermittelung ward sofort eine vom Gericht zu Monaco eingesetzte, aus dem Hafenlieutenannt L. de Millo, dem Schiffskapitain L. Richer und dem Cabotagemeister Ambroise Delpiano bestehende Commission abgeordnet, welche die gestrandete Bark besichtigte und nachstehendes Erachten abgab:

> Da der Backbordbug an der unteren Seite durchstossen sei und das Schiff auf den Felsen sässe, so sei es nicht möglich, dasselbe wieder flott zu machen, und da das Deck bereits vom Wasser überspült werde, welches den ganzen Raum ausfülle, so empfehle sich die beschleunigte Bergung des Takelwerks, während an eine Rettung der Ladung nicht zu denken sei.

Demzufolge wurde die Bergung von Masten und Takelage ungesäumt in Angriff genommen, welche denn auch dem grössten Theile nach gelang, das Schiff aber ward condemnirt und demnächst das Wrack nebst dem geborgenen Inventar für 3 900 Fr. meistbietend verkauft.

3. Erst im Laufe der Untersuchung, im Mai 1879 ward dem Seeamte durch den Generalsekretär des internationalen Transportversicherungs-Verbandes in Berlin von einer Anzeige des Hafenkapitains Efficio Boasio in Monaco Kenntniss gegeben, wonach der Hafenlieutenant Louis de Millo daselbst, als er am 6. März Nachmittags gegen 4 Uhr das Ansegeln der Bark bemerkt, dieser mit den Lootsen Ciais und Leonce Marquet, sowie dem Bootsmann Gibelli entgegen gefahren war und deren Schiffer gefragt hatte, ob er eines Lootsen bedürfe, was dieser abgelehnt.

Schiffer Koop hatte dieser Begegnung weder zum Schiffsjournal, noch bei der Verklarung, noch bei seinen Vernehmungen vor dem Kaiserlich deutschen Consulat zu Nizza und vor dem Seeamt Erwähnung gethan.

Das Seeamt hat daher den Hafenlieutenant de Millo und seine Begleiter durch die Gerichts-Canzlei des Ober-Tribunals zu Monaco abhören lassen und haben zu dessen Protokolle vom 21. Juli 1879 eidlich ausgesagt

A. Lieutenant de Millo: Als er am 6. März Nachmittags 4 Meilen seewärts vom Cap Martin einen auf Monaco mit vollen Segeln zusteuernden Dreimaster bemerkt, sei er demselben mit seinen Leuten entgegengefahren und habe dessen Schiffer befragt, ob er einen Lootsen haben wolle, was dieser jedoch anscheinend ärgerlich abgelehnt habe. Das Schiff habe bei einer leichten Briese aus WSW mit etwa 4 Knoten Fahrt grade auf die Küste losgesteuert. Von einem Leck des Schiffes habe er nichts bemerkt, auch habe der Schiffer ihm nichts davon gesagt. Anderen Falles würde er mit seinen Leuten Hülfe geleistet, auch aus Monaco Hülfe mittels der Nothflagge requirirt haben, worauf man dann bei dem günstigen Winde das Schiff in den nur 3 Meilen entfernten Hafen von Monaco hätte bringen können. Er sei nun in der Nähe des Schiffes geblieben, welches nach etwa einer Stunde bei Tenao auf den Strand gelaufen sei. Die Entfernung vom Orte der Begegnung bis zur Strandungsstelle betrage etwa 6 Seemeilen. Eine Viertelstunde nach der Strandung habe man auf dem Schiffe den Anker gehen lassen. Schiffer Koop habe ihn sodann um Beförderung einer Depesche an den deutschen Consul in Nizza gebeten, aber über den Grund und die Einzelheiten der Strandung nicht mit ihm gesprochen. Als er das Schiff angetroffen, habe dasselbe vorne und hinten 7′ tief gelegen und jedenfalls nicht so tief, als ob es leck gewesen. Seiner Meinung nach hätte es auch ohne Assistenz den Hafen von Monaco leicht erreichen können.

B. Lootse L. Marquet: Schiffer Koop habe die Frage, ob er einen Lootsen wolle, beinahe zornig verneint, nichts von dem Leck seines Schiffes gesagt, auch keine Nothflagge gehisst gehabt. Ob die Bark, als das Lootsenboot längsseits gekommen, tief im Wasser gelegen, darauf habe er nicht geachtet. Der Wind sei, um Monaco zu erreichen, ungünstig gewesen, und man würde selbst mit Lootsenhülfe mindestens zwei Stunden bis dahin gebraucht haben. Dagegen würde der Hafen von Mentone leichter zu erreichen gewesen sein.

C. Lootse Ciais: Schiffer Koop habe die Lootsenassistenz missvergnügt abgelehnt. Die Bark habe, wie er bemerkt, tiefer im Wasser gelegen. Der Wind sei für Monaco nicht günstig gewesen, und hätte man verschiedene Schläge machen müssen, um es zu erreichen. Von einem Leck habe der Schiffer nichts gesagt.

D. Bootsmann Gibelli: Um nach Monaco zu kommen, hätte die Bark von der Stelle aus, wo das Lootsenboot dieselbe getroffen, wohl acht Stunden gebrauchen müssen, während sie die Strandungsstelle in $^1/_2$ Stunde erreicht hätte. Wie tief dieselbe im Wasser gelegen, habe er nicht beachtet. Der Hafen Monaco bestehe nur aus der Rhede und biete keinen Schutz.

Schiffer Koop hat auf Vorhalt dieser Aussagen zugegeben, dass ihm etwa eine halbe Stunde vor der Strandung ein mit mehreren Männern besetztes Boot begegnet sei, und einer derselben ihn gefragt habe, ob er eines Lootsen bedürfe. Nicht wissend, dass es in Monaco eine Lootsenstation gebe, habe er die Leute für Fischer gehalten und daher deren Assistenz, von welcher er nur Weiterungen habe erwarten können, abgelehnt. Etwaige Dienstabzeichen der Insassen des Bootes habe er der Dunkelheit halber nicht zu erkennen vermocht. In Ausführung des gefassten Entschlusses, sein Schiff auf den Strand zu setzen und von dem Gedanken hieran völlig in Anspruch genommen, habe er der Begegnung keinerlei Gewicht beigelegt, und das sei der Grund, weshalb er derselben weder zum Journal noch in seinen Vernehmungen Erwähnung gethan habe. Dass der Wind damals aus WSW geweht, während er vorher südöstlich gewesen, sei möglich, da er Abends oft mehr vom Lande komme. Mit diesem Winde wäre Monaco nicht vor 3 bis 4 Stunden zu erreichen gewesen, auch würde der dortige Hafen ihm keinen Schutz gewährt haben. Den Hafen von Mentone aber habe er nicht gekannt.

Der Zimmermann Nonnenprediger und der Koch Kuhse, welche eidlich über die Begegnung vernommen sind, meinen zu erinnern, dass der Führer des Bootes eine Uniform getragen habe, und Kuhse hat bezeugt, dass es damals noch heller Tag gewesen sei.

4. Aus den beim Kaiserlich deutschen Consulate zu Nizza eingezogenen Erkundigungen endlich geht hervor, dass der erst neuerdings fertig gestellte Hafen zu Mentone allerdings geeignet gewesen wäre, der Bark die erforderliche Zuflucht zu gewähren.

5. Das Journal, zu welchem die auf der letzten Reise der Bark bezüglichen Notirungen vom Schiffer Koop selbst eingetragen sind, ist nicht den gesetzlichen Anforderungen gemäss geführt. Es entbehrt der Angabe von Länge und Breite, enthält nicht das Ergebniss der vorgenommenen Peilungen und ist corrigirt und mit Blei überschrieben.

6. Anlangend nun die Beurtheilung des Falles, wie er sich nach den vorstehenden Ergebnissen der seeamtlichen Untersuchung darstellt, so liegt

a. kein Grund vor, die Seetüchtigkeit und gute Ausrüstung der Bark bei Beginn der Reise zu bezweifeln. Auch das Gewicht und die anscheinend sorgfältig beschaffte Verstauung der Ladung geben zu keinen Ausstellungen Anlass, und das Leckspringen der Bark erklärt sich aus der Beschaffenheit der Ladung und dem starken Schlingern in der Nacht vom 4/5. März vollkommen. Da die Mannschaft unablässig an den Pumpen stehen musste, um des Wassers Herr zu bleiben, so ist es nur zu billigen, wenn der Schiffer am 5. März beschloss, in einem Nothhafen Schutz zu suchen. Wenn er aber, als die Hoffnung, einen solchen zu erreichen, bei dem flauen Winde schwand und am 6. März das Wasser im Raume höher und höher stieg, so dass es bereits bis auf 4′ angewachsen war, beschloss, die Bark auf den Strand zu setzen, so kann diese Massregel als eine der Sachlage entsprechende nicht bezeichnet werden. Das Wetter war gut, eine Gefahr des Sinkens, da das Schiff erst einen Fuss tiefer im Wasser lag, nicht vorhanden, und man befand sich der Küste nahe. Hätte man die Nothflagge gehisst, was unbedingt hätte geschehen müssen, so würde man die erforderliche Assistenz, wenn nicht von anderen Schiffen, so doch unbedingt von Monaco aus erhalten haben, welches nur 5 bis 6 Seemeilen entfernt und von wo aus die ansegelnde Bark bereits beobachtet war. Warum der Schiffer nicht zu diesem nächstliegenden Rettungsmittel griff, wenn er glaubte, die Bark mit seiner ermüdeten Mannschaft nicht länger auf den Pumpen halten zu können, hat derselbe nicht aufzuklären vermocht.

b. War schon dieser erste Fehler, dessen er sich schuldig machte, ein schwer wiegender, welcher indess immerhin noch in der misslichen Lage des Schiffes und der dadurch hervorgerufenen Erregung seine Entschuldigung finden mag, so war die Abweisung der sich ihm darbietenden Lootsenassistenz ein gradezu unentschuldbarer. Unter den obwaltenden Umständen musste er jede ihm gebotene Hülfe annehmen, geschweige denn diejenige eines Lootsen, welcher, wenn er die Bark nicht in einen Nothhafen bringen konnte, doch wenigstens den zum Stranden bestgeeigneten Punkt der Küste hätte bezeichnen können. Es ist denn auch kaum zu bezweifeln, dass die Bark durch Annahme der Lootsenassistenz gerettet worden wäre. Genügten die Insassen des Lootsenbootes nicht zur Bedienung der Pumpen, so war die erforderliche Hülfsmannschaft leicht aus Monaco durch Signale herbeizurufen, und der Hafen von Mentone, welcher nur etwa sechs Seemeilen entfernt war, wäre bei dem günstigen Winde unfehlbar erreicht worden. Was Schiffer Koop zur Entschuldigung seiner Handlungsweise angeführt hat, erscheint völlig haltlos. Dass es zur Zeit der Begegnung noch heller Tag war, steht fest. Dieselbe fand Nachmittags etwa 4 Uhr statt, und am 6. März ging die Sonne bei Monaco erst 5 Uhr 48 Minuten unter. Schiffer Koop, welcher mit dem Führer des Bootes sprach, muss daher bemerkt haben, dass derselbe uniformirt, dass das Boot mit der Lootsenflagge versehen war. Seine Behauptung, die Insassen des Bootes für Fischer gehalten zu haben, erscheint somit als blosse Ausflucht. Aber auch, wenn sie nur Fischer waren, durfte er die von ihnen angebotene Assistenz doch nicht ablehnen, da auch sie jedenfalls hätten beim Pumpen helfen und ihm eine zum Stranden taugliche Stelle der ihnen bekannten Küste nachweisen können. Wenn er dies in unbegreiflicher Verblendung gleichwohl that, so handelte er in hohem Grade pflichtwidrig, und muss ihm allein die Schuld an dem Verlust von Schiff und Ladung beigemessen werden. In dem Bewustsein dieser Schuld wird denn auch das auffallende Verschweigen der Begegnung seine ausreichende Erklärung finden.

c. Hätte aber auch wirklich, was nach den Ausführungen unter a und b keineswegs der Fall war, das einzige Mittel zur Rettung von Schiff und Ladung in der Strandung bestanden, so hätte es dann dem Schiffer obgelegen, zu erwägen, welche Stelle der Küste sich dazu am besten eigne und hierfür die Sailing Directions, welche sich an Bord befanden, zu Rath zu ziehen. In Theil II Seite 3 derselben wird unter »Mentone« ausdrücklich gesagt: »dass die Küste zwischen Cap San Martin und Mentone sandig sei.«

Dort also musste die Strandung, wenn sie einmal geschehen sollte, ausgeführt werden. Anstatt dessen setzte Schiffer Koop sein Schiff gerade auf die Felsen der Pointe de Laveille, wo dessen gänzlicher Verlust von vorne herein gewiss sein musste und beging damit einen dritten, wenn auch weniger erheblichen Fehler.

d. Endlich muss auch noch die mangelhafte Journalisirung dem in erster Linie dafür verantwortlichen Schiffer zum Vorwurf gemacht werden, der indess nach der Strandung durchaus seine Schuldigkeit gethan hat.

7. Die Mannschaft der Bark, welche den Anordnungen ihres Schiffers Folge zu leisten hatte, trifft kein Tadel. Dagegen enthält das Verhalten des Letzteren in der That eine Reihe von Pflichtwidrigkeiten und Fehlern der gröbsten Art, welche sattsam darthun, dass es demselben an denjenigen Eigenschaften fehlt, welche zur Ausübung des Schiffergewerbes erforderlich sind. Zu letzteren gehören vor allen Dingen Pflichttreue und die Fähigkeit, auch in schwierigen Lagen das, was für Erhaltung von Schiff, Ladung und Mannschaft geschehen muss, mit Ruhe zu erwägen. Ein Beweis von Leichtfertigkeit aber ist es, wenn Schiffer Koop keine Nothsignale zeigte, sondern sofort beschloss, die Bark auf den Strand zu setzen, ein Beweis von Mangel an Umsicht, wenn er es bei Ausführung dieses Entschlusses unterliess, sich in seiner Segelanweisung nach einer passenden Stelle umzusehen, sondern ohne Weiteres auf die felsige Küste los hielt, eine an Kopflosigkeit grenzende Unüberlegtheit endlich, wenn er, beherrscht von dem einen Gedanken der Strandung, die Lootsenhülfe und damit die sichere Rettung seines Schiffes von der Hand wies. Einem Manne, der so handeln konnte, darf die mit so hoher Verantwortlichkeit verbundene Führung eines Schiffes nicht weiter anvertraut werden, und so hat sich denn das Seeamt auf bezüglichen Antrag des Reichskommissars nach Massgabe des § 26 des Seeunfallgesetzes veranlasst sehen müssen, dem Schiffer Koop die Befugniss zur Ausübung des Schiffergewerbes zu entziehen, demselben indess diejenige zur Ausübung des Steuermannsgewerbes um deswillen belassen zu sollen geglaubt, weil er als Steuermann dem Befehle des Schiffsführers untersteht und voraussichtlich seltener berufen sein wird, in schwierigen Lagen entscheidende Anordnungen zu treffen.

Die Entscheidung des Kaiserlichen Ober-Seeamts vom 22. März 1880 lautet:

dass der Spruch des Grossherzoglich mecklenburg-schwerinschen Seeamts vom 18. December 1879 dahin abzuändern, dass dem Schiffer Nikolaus Jakob Koop in Wustrow die Befugniss zur Ausübung des Schiffer- und des Steuermannsgewerbes zu entziehen und von den baaren Auslagen des Beschwerdeverfahrens die eine Hälfte dem Schiffer Koop zur Last zu legen, die andere aber ausser Ansatz zu lassen.

Gründe:

Das Seeamt hat seinen Spruch dahin abgegeben:

1. Erwiesen ist, dass der Schiffer Koop am 6. März 1879 die leck gesprungene Bark zwischen Monaco und Mentone absichtlich auf den Strand gesetzt hat,
2. diese Massregel, welche den gänzlichen Verlust von Schiff und Ladung zur Folge hatte, war eine völlig verfehlte und durch die Umstände keineswegs geboten,
3. dem Schiffer Koop wird daher die Befugniss zur Ausübung des Schiffergewerbes entzogen.

Der Schiffer hat gegen diesen Spruch Beschwerde eingelegt, weil er es nicht für gerechtfertigt erachtet, dass ihm die Befugniss zur Ausübung des Schiffergewerbes für immer entzogen werde. Er erklärt in der Beschwerdeschrift, dass er sein Unrecht einsehe und es tief bereue, auf der letzten Reise des »Wilhelm Schmidt« nicht correcter und umsichtiger gehandelt zu haben, dass aber, wenn er dieserhalb Strafe verdiene, die Strafe doch nicht die härteste sein dürfe, da er sich sonst stets als treuer, umsichtiger und energischer Schiffer bewiesen habe. Er beantragt deshalb, ihm nur auf eine bestimmte Zeitdauer die Befugniss zur Ausübung des Schiffergewerbes zu entziehen.

Mit Recht hat der Reichscommissar diesem Antrage als einem ungesetzlichen Verlangen widersprochen.

Nach den völlig zutreffenden und vom Schiffer in keinem Punkte angefochtenen Ausführungen des Seeamts hat der Schiffer am 6. März 1879 sich entschlossen, den »Wilhelm Schmidt« auf den Strand zu setzen und diesen Entschluss ausgeführt, ohne dass eine nahe Gefahr des Sinkens für das Schiff vorlag; er hat, als ihm die Lage des letzteren bedroht erschien, nicht nur unterlassen, ein Nothsignal zu geben, sondern sogar, als ihm eine Stunde vor der Strandung von einem herbeigekommenen, mit vier Personen besetzten Lootsenboot Beistand angeboten wurde, diesen zurückgewiesen; er hat endlich das Schiff zur Strandung auf eine felsige Küste geführt, an welcher dasselbe mit der Ladung verloren gehen musste, während sich in unmittelbarer Nähe eine sandige Bucht befand, in welcher er ohne eine derartige Gefährdung der ihm anvertrauten Güter auf den Strand hätte gehen können. Der Schiffer hat also die Strandung verschuldet und zwar in Folge des Mangels solcher Eigenschaften, welche zur Ausübung seines Gewerbes erforderlich sind; denn er hat durch die gerügten Handlungen die vom Handelsgesetzbuch Art. 478 geforderte Sorgfalt eines ordentlichen Schiffers und die von ihr bedingten Eigenschaften der Umsicht, der Ueberlegung und der Besonnenheit gänzlich vermissen lassen. Dieser Mangel ist ein so schwerer, dass im Interesse der Sicherheit der Seefahrt dem Schiffer Koop die Ausübung des Schiffergewerbes nicht ferner gestattet werden kann. Ist ihm aber hiernach die letztere zu untersagen, so kann dies nicht auf eine bestimmte Zeitdauer, sondern nur für immer geschehen. Denn es fehlt an jedem Anhalt für die Annahme, dass der gegenwärtig dem Schiffer zur Last gelegte Mangel an den zur Ausübung seines Gewerbes erforderlichen Eigenschaften nach Ablauf einer bestimmten Zeit gehoben sein werde. Deshalb kennt das Reichsgesetz vom 27. Juli 1877 eine Entziehung der Gewerbebefugniss auf Zeit überhaupt nicht; jede auf Grund desselben eintretende Untersagung der Ausübung eines Gewerbes ist eine dauernde und die mit der Untersuchung der Seeunfälle betrauten Behörden sind nicht befugt, diese Untersagung auf einen bestimmten Zeitraum zu beschränken. Die vom Schiffer eingelegte Beschwerde war daher zu verwerfen.

Der Reichscommissar hat Beschwerde erhoben, weil dem Schiffer Koop durch den Spruch des Seeamts nicht auch die Befugniss zur Ausübung des Steuermannsgewerbes entzogen worden ist. Er führt aus, dass die Mängel, durch welche Koop die Strandung verschuldet hat, sich nicht nur an den für das Schiffergewerbe, sondern auch an den für das Steuermannsgewerbe erforderlichen Eigenschaften gezeigt haben. Dieser Auffassung ist durchaus beizutreten. Der Steuermann bedarf der Besonnenheit in demselben Masse, wie der Schiffer; der Steuermann ist wie jeder andere Schiffsmann ausser Stande, die Pflichten seines Berufs zu erfüllen, wenn es ihm an Besonnenheit gebricht. Der Schiffer Koop hat die grösste Unbesonnenheit an den Tag gelegt, indem er, als er sein Schiff in Gefahr glaubte, trotz der Nähe einer bewohnten Küste es unterliess, ein Nothsignal zu geben, und indem er, als ihm von einem Lootsenboot Hilfe angeboten wurde, dieselbe ohne weiteres ablehnte.

Dies Verhalten beweist, dass Koop ausser Stande ist, den Pflichten des Steuermannsgewerbes zu genügen; denn es kann jemand den gänzlichen Mangel an Besonnenheit nicht deutlicher als dadurch kund geben, dass er in der Zeit der Gefahr auf jede Massregel verzichtet, welche zur Rettung führen könnte. Der Steuermann kommt als Vertreter des Schiffers häufig in die Lage, nach eigenem Ermessen über das Schiff Bestimmung treffen zu müssen. Der Schiffer Koop aber würde die Sicherheit der Seefahrt gefährden-wenn ihm gestattet bliebe, nach Verlust der Befugniss zur Aus, übung des Schiffergewerbes fernerhin als Steuermann zu fungiren. Es ist ihm deshalb auch die Ausübung des Steuermannsgewerbes zu untersagen. Diese Untersagung erscheint um so mehr geboten, als Koop noch einen Mangel an den für den Beruf eines Steuermanns erforderlichen Eigenschaften gezeigt hat, welcher zwar mit der Strandung des »Wilhelm Schmidt« nicht in einem ursachlichen Zusammenhang steht, welcher aber beweist, dass er sich der Pflichten eines Steuermanns bisher wenig bewusst gewesen ist. Das Schiffsjournal hat nach dem Handelsgesetzbuch Art. 486 zunächst der Steuermann zu führen; dieser hat nach Art. 488 dafür zu sorgen, dass das Journal in der Form unverdächtig ist, und nach Art. 487 es zu unterschreiben. Auf der letzten Reise des »Wilhelm Schmidt« hat nicht der Steuermann sondern Koop das Journal geführt; er hat es aber nicht unterschrieben und nachträglich Aenderungen in den Eintragungen vorgenommen, welche die Glaubhaftigkeit des Journals verdächtigen.

Die baaren Auslagen des Beschwerdeverfahrens sind nach dem Reichsgesetz vom 27. Juli 1877 §. 31 und der Geschäftsordnung für das Ober-Seeamt vom 3. Mai 1878 §. 11 zur Hälfte dem Schiffer Koop zur Last zu legen, zur Hälfte aber ausser Ansatz zu lassen, weil die Beschwerde sowohl vom Schiffer als vom Reichscommissar eingelegt worden ist.

74. Spruch des Seeamts zu Emden vom 10. Januar 1880 und Entscheidung des Ober-Seeamts vom 23. März 1880, betreffend den Seeunfall der Schoonergaliote „Hilkelina Gerhardina“ von Neuharlingersiel.

Sinken des Schiffes in Folge eines Zusammenstosses mit einem anderen Segelschiff im Kattegat.

Der Spruch des Seeamts lautet dahin:

Der Verlust des Schiffes »Hilkelina Gerhardina« — KBPW — von Neuharlingersiel ist darauf zurückzuführen, dass der damalige Steuermann des Schiffs im Ausguck nachlässig gewesen ist.

Thatbestand. Das zu Neuharlingersiel heimathberechtigt gewesene Schiff »Hilkelina Gerhardina« — KBPW — ist am 24. October 1878 mit der norwegischen Brigg »Eenigheden«, Schiffer Tellafsen von Christiansand, in Collision gekommen und in Folge dessen verloren gegangen.

Das genannte Schiff war in den Jahren 1865 und 1866 zu Warsingsfehn gebaut, im Jahre 1877 zuletzt reparirt, und gehörte dasselbe einer Rhederei, an welcher der Führer des Schiffes, Schiffskapitän Geerd H. Egberts zu Neuharlingersiel pro $^{5}/_{8}$ betheiligt war, der Netto-Raumgehalt des Schiffes war zu $217{,}6$ cbm $= 76{,}81$ Register-Tons vermessen, und war es bei einem Taxwerthe von ℳ. 14 535 bei dem Kompacte Harmonie in Leer für ℳ. 13 050 versichert.

Zur Zeit des in Frage stehenden Seeunfalles befand sich die »Hilkelina Gerhardina« auf der Reise von Riga nach Leith.

Bei der Ausfahrt von Riga soll sich das Schiff in gutem, seetüchtigen Zustande befunden haben, die Besatzung bestand aus im ganzen vier Personen, die Ladung aus 122 Tons Leinkuchen, und ist der Tiefgang des Schiffes mit dieser Ladung auf $8^{3}/_{4}$ bis 9 Fuss gegen eine Auswässerung zwischen 9 bis 13 Zoll angegeben.

Am Abend des 24. October befand sich die »Hilkelina Gerhardina« im Kattegat zwischen Kobbergrund und Trindeln; es wehte ein starker Wind aus S bezw. SW, und war dabei dunkles Wetter. Die Seitenlichter der »Hilkelina Gerhardina« brannten, und hatte auf derselben der Steuermann mit dem Schiffskoche die Wache, als Abends 11 Uhr, während der Koch sich am Ruder befand, der Steuermann aber auf dem Ausguck stand, der letztere »ein rothes Licht« ausrief und unmittelbar darauf die »Hilkelina Gerhardina« mit einem fremden Schiffe zusammenstiess. Letzteres war, wie später ermittelt wurde, die norwegische Brigg »Eenigheden«, Schiffer Tellafsen von Christiansand.

Dieselbe setzte, als beide Schiffe wieder freigekommen waren, ihre Reise fort, ohne sich weiter um die »Hilkelina Gerhardina« zu kümmern, hatte indessen, wie sich späterhin ergab, bei der Collision so erhebliche Beschädigungen erlitten, dass mit der ganzen Mannschaft gepumpt werden musste. Auf der »Hilkelina Gerhardina« vermisste man nach der stattgehabten Collision den Steuermann, der sich, wie später ermittelt wurde, am Bord der »Eenigheden« begeben hatte, dieselbe hatte übrigens, von sonstigen Beschädigungen abgesehen, auch Schaden am Bug genommen, indem hier mehrere Planken eingedrückt waren und in Folge dessen das Schiff Wasser zog. Obgleich über den beschädigten Theil des Bugs ein Segel gezogen wurde und die Mannschaft angestrengt pumpte, nahm das Wasser im Schiff immer mehr zu. Das letztere legte sich mehr und mehr auf die Seite, und wurde dann schliesslich am 25. October 11 Uhr Morgens in Folge der aufgesetzten Nothsignale die Mannschaft von der finnischen Brigg »Conrad«, Schiffer Weckström, aufgenommen und am 1. November in Helsingör gelandet. Hier erfuhr die Mannschaft, dass die »Hilkelina Gerhardina« bei Gullholmen an der schwedischen Küste auf den Strand getrieben sei, und begab sich zwar der Schiffer sofort an Ort und Stelle, auch wurden Versuche gemacht, das Schiff wieder abzubringen, indessen blieben dieselben erfolglos und ist, wenngleich der grösste Theil des Inventars geborgen wurde, das Schiff selbst als Wrack für 430 Kronen verkauft worden.

Bezüglich der Witterungsverhältnisse am 24. und 25. October 1878 wird auf den von der Deutschen Seewarte in Hamburg eingezogenen Witterungsbericht verwiesen und übrigens noch bemerkt, dass seitens des Reichscommissars beantragt ist, dem Schiffer Harders, welcher bei der fraglichen Collision als Steuermann auf der »Hilkelina Gerhardina« diente, die Befugniss zur ferneren Ausübung des Gewerbes als Schiffer und Steuermann zu entziehen.

Entscheidungsgründe. Vom Seeamte ist sodann Folgendes erwogen:

1. Nach den stattgehabten Verhandlungen kann es einem Zweifel nicht unterliegen, dass der Seeunfall der »Hilkelina Gerhardina« lediglich durch die nicht gehörige Beobachtung der zur Verhütung des Zusammenstossens von Schiffen auf See erlassenen Vorschriften veranlasst worden ist, ebensowenig aber auch, dass in solcher Beziehung

dem Führer der »Hilkelina Gerhardina« selbst ein Verschulden zur Last fällt.

Denn die Beweisaufnahme hat ergeben, dass die letztere zur Zeit der fraglichen Collision bei südwestlichem Winde mit nördlichem Curse vor dem Winde segelte, während die norwegische Brigg »Eenigheden« beim Winde lag, und war unter solchen Umständen eben die »Hilkelina Gerhardina« zum Ausweichen verpflichtet.

2. Diese Verpflichtung ist denn auch seitens des Führers der »Hilkelina Gerhardina«, als welcher der zur Zeit der Collision die Wache führende Steuermann ermittelt ist, nicht bestritten und wird von ihm vielmehr nur zur Entschuldigung angeführt, dass er die »Eenigheden« nicht so früh gesehen habe, um zum rechtzeitigen Ausweichen im Stande zu sein. Diese Angabe wird nun wohl auf Wahrheit beruhen, zur Entschuldigung würde sie indessen nur dann gereichen können, wenn den sonst vorliegenden Umständen nach angenommen werden dürfte, dass auch bei pflichtmässiger Aufmerksamkeit die »Eenigheden« nicht früher, als geschehen, hätte bemerkt werden können.

Dies ist indessen zu verneinen, da, wenn auch nachgewiesen st, dass in der fraglichen Nacht sowohl stürmische als dunkle Witterung herrschte, andererseits eben so wieder durch die völlig glaubwürdig erscheinenden Aussagen der zur Besatzung der »Eenigheden« gehörenden Zeugen festgestellt ist, dass die Lichter der »Hilkelina Gerhardina« bereits 10 bis 15 Minuten vor dem Zusammenstosse auf der »Eenigheden« gesehen worden sind und danach die Annahme gerechtfertigt erscheint, dass bei gleicher Aufmerksamkeit auf der »Hilkelina Gerhardina« von der letzteren auch ebenso frühzeitig die nachgewiesenermassen von der »Eenigheden« geführten Lichter hätten wahrgenommen werden müssen. Dass dies gleichwohl nicht der Fall gewesen ist, beweist eine Nachlässigkeit im Ausguck und fällt diese wieder dem Steuermann zur Last, dem seinem eigenen Zugeständnisse zufolge der Ausguck oblag.

3. Das Verhalten des Steuermanns nach dem Erblicken des rothen Lichtes der »Eenigheden« ist durch die Beweisaufnahme nicht völlig aufgeklärt, da in dieser Beziehung die eigenen Angaben desselben sowohl von denjenigen des Zeugen Luense, als auch denjenigen des Zeugen Lorentzen abweichen. Wären jedoch die eigenen Angaben des Steuermanns richtig, dass er in jenem Augenblicke nur gerufen habe »Herr Jesus, ein rothes Licht« ohne

überhaupt ein Rudercommando abgegeben zu haben, so würde darin nur ein Beweis seiner Unentschlossenheit und Kopflosigkeit befunden werden können.

4. Im Uebrigen hat die Beweisaufnahme ergeben, dass bei dem erfolgten Zusammenstosse beide Schiffe nicht unerheblich beschädigt waren und erhellt zunächst insbesondere auch aus der Aussage des Steuermanns Harders, dass die »Eenigheden« in Folge der erlittenen Beschädigungen vor den Wind legen, auch die gesammte Mannschaft derselben zum Pumpen herangezogen werden musste. Unter solchen Umständen vermag denn aber dem Führer der »Eenigheden« ein Vorwurf nicht gemacht zu werden, wenn er lediglich auf die Rettung des eigenen Schiffes bedacht war und sioh um die »Hilkelina Gerhardina« nicht weiter kümmerte.

5. Bezüglich der Beschädigungen der letzteren ist daneben festgestellt, dass unter anderen auch am Bug derselben bei der stattgehabten Collision mehrere Planken eingedrückt waren, und hatte unter solchen Verhältnissen die Besatzung der »Hilkelina Gerhardina« bei der auch am 25. October fortdauernden stürmischen Witterung allerdings ausreichende Veranlassung, ihre Lage als eine im höchsten Grade gefährliche anzusehen. In der That sind diese Befürchtungen nicht vollständig begründet gewesen, da das von der Mannschaft verlassene Schiff späterhin an der schwedischen Küste auf den Strand getrieben ist, gleichwohl liegt jedoch kein Grund vor, zu bezweifeln, dass der Schiffer Egberts, wenn er auch die Gefahr überschätzte, nach pflichtmässiger Ueberzeugung gehandelt habe und blieb bei der von ihm zu fassenden Entschliessung auch ferner zu berücksichtigen, dass durch das Verschwinden des Steuermanns die Besatzung der »Hilkelina Gerhardina« wesentlich geschwächt war und die verbliebene Besatzung sich bereits zu aussergewöhnlichen Anstrengungen gezwungen gesehen hatte.

6. Jedenfalls waren nämlich durch den Abgang des Steuermanns die Aussichten auf die Erhaltung der »Hilkelina Gerhardina« erheblich vermindert, und wird das nun freilich dem Steuermann nicht angerechnet werden dürfen, wenn er, seiner Angabe entsprechend, unabhängig von eigener Willensbestimmung lediglich in Folge des Zusammenstosses der beiden Schiffe auf die »Eenigheden« hinübergeschleudert wäre. Da die »Eenigheden« das grössere Schiff war, erscheint diese Angabe jedoch durchaus unglaubwürdig, vielmehr ist anzunehmen, dass der Uebergang des Steuermanns auf die »Eenigheden« lediglich auf dessen eigene freie Entschliessung

zurückgeführt werden müsse, und wird diese Annahme auch noch durch die Quetschung seiner Finger unterstützt, welche im letzteren Falle durch das wiederholte Rammen der beiden Schiffe allerdings ihre Erklärung findet, im ersteren dagegen derselben völlig ermangelt. Darnach hätte denn aber der Steuermann, welcher, noch in völliger Unkenntniss über die Folgen der stattgehabten Collision, das eigene Schiff, unbekümmert um das Schicksal desselben und seiner Besatzung, lediglich auf die Rettung seines Lebens bedacht, heimlich verliess, nicht denjenigen Muth und diejenige Pflichttreue bewiesen, welche von ihm als Schiffsofficier erwartet werden musste.

7. Da die Eintragungen des Journals der »Hilkelina Gerhardina« bereits mit dem 22. October 1878 endigen, so liegt auch in dieser Beziehung zu einer rügenden Bemerkung Veranlassung vor und hätte, wenn die Angabe des Steuermanns, dass die Vorgänge der fraglichen Reise bis zu dem Augenblicke der Collision in eine Journalskladde eingetragen seien, richtig sein sollte, doch die nachträgliche Uebertragung und der ordnungsmässige Abschluss des Journals nicht unterlassen werden sollen.

8. Nach den vorstehenden Ausführungen ad 2, 3 und 6 lässt sich nicht verkennen, dass die Untersuchung des vorliegenden Seeunfalles allerdings zu ernstlichen Zweifeln darüber Veranlassung geboten hat, ob nicht der gelegentlich desselben als Steuermann der »Hilkelina Gerhardina« fungirende Schiffer Harders der zur ferneren Ausübung des Gewerbes als Schiffer und Steuermann erforderlichen Qualificationen entbehre; da es indessen ad 3 und 6 an directen Beweisen fehlt, hat das Seeamt Bedenken getragen, dem vom Reichscommissar gestellten Antrage, dem Harders die Befugniss zur ferneren Ausübung jener beiden Gewerbe zu entziehen, zu entsprechen.

Die Entscheidung des Ober-Seeamts vom 23. März 1880 lautet:

> dass der Spruch des Königlich preussischen Seeamts zu Emden vom 10. Januar 1880 dahin abzuändern, dass dem Schiffer Harders die Befugniss zur Ausübung sowohl des Schiffergewerbes als auch des Steuermannsgewerbes zu entziehen, und die baaren Auslagen des Verfahrens ausser Ansatz zu lassen.

Gründe.

Der Spruch des Seeamts lautet:

der Verlust des Schiffes »Hilkelina Gerhardina« von Neuharlingersiel ist darauf zurückzuführen, dass der damalige Steuermann des Schiffes, Harders, im Ausguck nachlässig gewesen ist, gleichwohl ist jedoch demselben die Befugniss zur ferneren Ausübung seines Gewerbes zu belassen.

In den Gründen zu diesem Spruch hat das Seeamt, nachdem es die einzelnen Punkte der Verschuldung des genannten Steuermanns festgestellt hat, schliesslich ausgeführt, dass nach den einzelnen Ausführungen sich nicht verkennen lasse, dass die Untersuchung des vorliegenden Seeunfalles allerdings zu erheblichen Zweifeln darüber Veranlassung gegeben habe, ob nicht der Schiffer Harders, welcher gelegentlich desselben als Steuermann der »Hilkelina Gerhardina« fungirt hat, der zur ferneren Ausübung des Gewerbes als Schiffer und Steuermann erforderlichen Qualificationen entbehre; da es indessen theilweise an directen Beweisen fehle, habe das Seeamt Bedenken getragen, dem vom Reichscommissar gestellten Antrage, dem Harders die Befugniss zur ferneren Ausübung jener beiden Gewerbe zu entziehen, zu entsprechen.

Bei der Verhandlung zweiter Instanz hat der Schiffer Harders der Beschwerde entgegengestellt, dass er seinen Pflichten als Wachhabender im vollsten Umfange nachgekommen sei; diese Pflichten seien jedoch so umfassende, dass er sich nicht immer auf dem für den Ausguck günstigsten Platze des Decks habe befinden können; ferner sei der Mann am Ruder ein unbefahrener Junge gewesen, und er selbst habe deshalb seine Aufmerksamkeit hauptsächlich auch darauf richten müssen, dass richtig gesteuert wurde; den Ausguck habe er dessenungeachtet nicht vernachlässigt und von dort wo er gestanden, übrigens die Vorgänge aussenbords vollständig übersehen können. Er habe sorgfältig von dort ausgeguckt. Wenn er die Laternen der norwegischen Brigg »Eenigheden« nicht eher gesehen habe, als zu einer Zeit, in welcher der Zusammenstoss schon unvermeidlich gewesen sei, so müsse dass seinen Grund darin haben, dass diese Laternen schlecht gebrannt hätten oder in Folge der dicken Luft nicht zu sehen gewesen seien. Es gehe dies auch daraus hervor, dass der Schiffer, welcher kurz zuvor an Deck gewesen sei, dasselbe demnächst aber wieder verlassen habe, ebensowenig wie der Mann am Ruder die Lichter gesehen habe. Es sei übrigens Sache des Schiffers gewesen, bei dem dicken Wetter, wie es in der in Rede stehenden Nacht im Kattegat geherrscht habe, fortwährend an Deck zu sein; denselben träfe deshalb, wenn überhaupt Jemandem an dem Seeunfall ein Verschulden zur Last zu legen sei, die Schuld in eben solchem Masse wie ihn. Nach seiner Ansicht aber sei der Seeunfall lediglich durch die zur Zeit im Kattegat herrschende Witterung herbeigeführt, welche es veranlasst habe, dass die Laternen der norwegischen Brigg nicht rechtzeitig wahrgenommen werden konnten. Dass er sich nach dem Unfall an Bord der Brigg »Eenigheden« befunden habe, finde seine einfache Erklärung darin, dass er bei dem Zusammenstosse den Anker derselben zu fassen bekommen habe und bei dem Abscheeren der beiden Schiffe von einander an demselben hängen geblieben sei.

Diesen Ausführungen ist nicht beizutreten; vielmehr sind die gegen den Spruch des Seeamts gerichteten Einwendungen der Beschwerde als zutreffend anzuerkennen.

1. Selbst wenn man annehmen will, dass die Laternen der Brigg »Eenigheden« von mangelhafter Beschaffenheit gewesen seien, so ist doch nach den vollständig glaubwürdigen Zeugenaussagen der beiden Steuerleute der Brigg als erwiesen anzusehen, dass dieselben gut gebrannt haben; ferner ist erwiesen, dass die Luft in der in Rede stehenden Nacht nicht so dick war, dass die Lichter überhaupt nicht hätten gesehen werden können. Wenn also die Laternen der Brigg auch möglicherweise nicht auf eine grosse Entfernung hin sichtbar waren, so waren sie es jedenfalls doch auf eine solche Entfernung, welche für ein Ausweichen zur Vermeidung des Zusammenstosses hinreichte, da hierzu ein sehr geringer Raum genügte. Der Schiffer Harders hat es mithin an der pflichtmässigen Aufmerksamkeit fehlen lassen.

2. Aus der beeidigten Aussage des Schiffskochs Luense, welcher zur Zeit des Zusammenstosses am Ruder gestanden hat, geht hervor, dass Harders ein Rudercommando und zwar anscheinend sogar das richtige abgegeben hat. Luense sagt aber ferner aus, dass er, weil, wenn er das Commando zur Ausführung brachte, nach seiner Ansicht die »Hilkelina Gerhardina« nicht mehr freikommen konnte, das Entgegengesetzte von dem gethan habe, was ihm befohlen war. Wenn Harders dagegen behauptet, dass er nach dem Erblicken des rothen Lichtes der Brigg überhaupt ein Rudercommando nicht mehr abgegeben habe und dass Luense lediglich auf eigene Verantwortung hin gehandelt habe, so muss entweder Harders in seiner Angst vor der drohenden Gefahr des Zusammenstosses Alles, was er inzwischen

gethan, vergessen haben, oder Luense muss sich im Irrthum befinden und Harders in der That kein Rudercommando abgegeben haben. Gleichviel welcher Sachverhalt als der richtige angenommen wird, ob die beeidigte Aussage des Luense oder die gegentheilige Behauptung des Harders, so viel steht ausser Zweifel, dass der letztere in jedem Falle eine an Bewusstlosigkeit grenzende Unüberlegtheit an den Tag gelegt hat. Hatte er bei dem Erblicken des rothen Lichtes noch soviel Besinnung, dass er das Rudercommando richtig abgab, so musste er auch selbst für die Befolgung seines Commandos Sorge tragen, um so mehr, als ihm bekannt war, dass der am Ruder stehende Mann kein vollbefahrener Seemann war. Hat er aber ein Commando überhaupt nicht ertheilt, so hat er seine Pflicht, das Schiff im Augenblick der Gefahr richtig zu führen, schwer verletzt.

3. Die von Harders in der ersten Instanz aufgestellte Behauptung, dass er in Folge des Zusammenstosses von dem niedriger über Wasser liegenden Schiffe auf das höher liegende geschleudert sei, ist, weil sie den Naturgesetzen der Stossbewegung widerspricht und deshalb eine Unmöglichkeit in sich schliesst, als unwahr zu bezeichnen.

Aber auch die bei der Verhandlung zweiter Instanz von Harders abgegebene Erklärung über sein Verlassen der »Hilkelina Gerhardina« ist nicht geeignet, ihn zu entlasten; er giebt hiernach selbst zu, dass er auf die »Eenigheden« hinaufgeklettert ist, das behauptete Hängenbleiben am Ankerstock ist nur so zu erklären, dass er sich an denselben angeklammert hat; dies kann aber nur in der Absicht geschehen sein, von seinem Schiffe zu flüchten und auf das fremde Schiff hinaufzuklettern. Entweder ist Harders mit vollem Bewusstsein auf die Brigg hinaufgeklettert, — und dafür sprechen die Aussagen der norwegischen Steuerleute, insofern sie bekunden, dass er bei dem Anbordkommen, wenn auch erregt, so doch vollständig klar gesprochen habe —; dann hat er aus Feigheit in der Gefahr sein Schiff verlassen. Oder er hat dies, wie er angiebt, ohne Bewusstsein gethan; dann hat er auch hierbei bewiesen, dass er ein Mann ist, der in dem Augenblick der Gefahr, welcher ein jeder Seemann, insbesondere aber ein Schiffsofficier, mit ruhigem Geiste entgegen sehen soll, die Besinnung verliert.

Harders hat hiernach durch Mangel an Aufmerksamkeit den Seeunfall verschuldet. Er hat demnächst ein Verhalten gezeigt, welches ergiebt, dass ihm in der Zeit der Gefahr alle Besonnenheit fehlt. Es mangeln ihm also wesentliche Eigenschaften, welche zur

Ausübung des Schiffergewerbes erforderlich sind. Einem solchen Manne darf nicht länger die Führung eines Schiffes anvertraut werden.

Die Befugniss zur Ausübung des Steuermannsgewerbes ist dem Harders gleichfalls zu entziehen, weil die Eigenschaften, deren Mangel derselbe an den Tag gelegt hat, in gleicher Weise wie einem Schiffer auch einem Steuermann beiwohnen müssen, wenn derselbe seinen Pflichten zu genügen im Stande sein soll.

Die baaren Auslagen des Verfahrens bleiben ausser Ansatz, weil die Beschwerde vom Reichscommissar eingelegt ist.

75. Spruch des Seeamts zu Emden vom 27. December 1879 und Entscheidung des Ober-Seeamts vom 24. März 1880, betreffend den Seeunfall des Schooners „Mettine" von Papenburg.

Schiff in Folge eines Lecks von der Mannschaft verlassen und gesunken.

Der Spruch des Seeamts lautet:

Der Verlust des Schooners »Mettine« — KFCM — von Papenburg ist auf das unsichtige Wetter am 18. November 1879, sowie auf ungenügenden Gebrauch des Lothes zurückzuführen.

Der Schiffer Kracht ist somit nicht ohne Verschulden an dem Verluste des Schiffes, genügende Gründe, demselben die Concession zur ferneren Ausübung seines Gewerbes zu entziehen, liegen jedoch nicht vor.

Den Steuermann Lutter trifft ein Verschulden am Verluste des Schiffes nicht und findet der vom Reichscommissar gestellte Antrag auf Patententziehung damit von selbst seine Erledigung.

Thatbestand. Das zu Papenburg heimathberechtigt gewesene Schiff »Mettine« — KFCM —, einer Rhederei in Neuefehn und Neermor, bei welcher der Führer des Schiffes, Schiffskapitän Kracht aus Warsingsfehn persönlich nicht betheiligt war, gehörig und auf den Fehnen resp. in Emden zu im Ganzen ℳ. 15000 versichert, ist am 17. November 1879 in der Nordsee von der Mannschaft in sinkendem Zustande verlassen und bald darauf vor den Augen der Besatzung versunken.

Das Schiff war im Jahre 1863 erbaut und im Jahre 1868, nachdem es wegen schwerer Havarieschäden in Buenos Ayres condemmirt und für Rechnung des Assecuradeurs verkauft war, in den Besitz derjenigen Rhederei übergegangen, welcher es bis zu seinem Verluste gehörte. Der Netto-Raumgehalt desselben stellte sich nach der im Jahre 1873 stattgehabten Vermessung auf 466,3 cbm = 164,60 Register-Tons. Classe hatte es nicht mehr, und war es auch während der beiden letzten Jahre, in denen es von dem Schiffer Kracht geführt wurde, einer nennenswertheren Reparatur nicht mehr unterzogen.

Nachdem die »Mettine« im Monate October 1879 mit einer Ladung Theer von Archangel in London angekommen war, nahm sie dort für Schiffsrechnung eine für Emden bestimmte Ladung Kreide ein. Diese Ladung betrug im ganzen ungefähr 200 Tons, und stellte sich mit derselben der Tiefgang des Schiffes auf 10½ Fuss bei einer Auswässerung von 2½ bis 3 Fuss. Darauf segelte die »Mettine« am 12. November mit einer Besatzung von 6 Personen von Northfleet ab, kam jedoch erst am 16. November in See und befand sich am Mittage des folgenden Tages in Sicht der holländischen Küste. Nach dem Journal peilte man damals den Leuchtthurm von Terschelling SSW per Compass in einem muthmasslichen Abstande von acht Seemeilen und nahm darauf, während der Schiffer selbst die Wache hatte, seinen Curs OzN. Plötzlich sah man Nachmittags 3 Uhr leewärts voraus leichte Brandung, worauf sofort das Ruder hart Steuerbord gelegt und NNW vom Lande abgehalten wurde. Beim Gebrauche des Lothes ergaben sich drei Faden Wasser und stiess gleich nachher, während bei fortgesetztem Lothen 2½ Faden Wasser gefunden wurden, die »Mettine« in kurzen Zwischenpausen dreimal ziemlich hart auf, blieb jedoch flott und am Winde. Indessen stellte sich beim Ansetzen der Pumpen heraus, dass das Schiff schwer leck geworden war und das Wasser bereits auf den Bauchdielen stand. Ein Dichten des Schiffes schien nicht möglich, trotz angestrengten Pumpens nahm das Wasser im Raume immer mehr zu und wurde daher, als mittlerweile ein Schooner in Sicht gekommen war, die Nothflagge gezeigt. Gleich nach 4 Uhr war das Wasser im Raume auf 7 Fuss gestiegen, und ging darauf die Besatzung der »Mettine« mit ihrem Boote auf den eben erwähnten Schooner — die »Gesina«, Schiffer Baumann, von Jemgum — über, von dem sie, nachdem die »Mettine« etwa eine Stunde nach ihrem Verlassen versunken war, am 19. November in Geestemünde gelandet wurde.

Wegen der Witterungsverhältnisse wird auf den von der Deutschen Seewarte eingezogenen Witterungsbericht verwiesen.

Entscheidungsgründe. Vom Seeamte ist hiernächst Folgendes erwogen:

1. Durch die Aussagen der vernommenen Zeugen ist festgestellt, dass die »Mettine« sowenig vor dem Antritt ihrer letzten Reise im Revier, als während dieser letzten Reise selbst bis zu ihrem am Nachmittage des 17. November 1879 stattgehabten Aufstossen hin in irgend auffälliger Weise Wasser gemacht habe, und liegt daher um so weniger Veranlassung vor, die Seetüchtigkeit der »Mettine« bei ihrem am 16. November 1879 erfolgten Auslaufen zu bezweifeln, als auch die Eintragungen des Journals bezüglich der vorletzten Reise von Archangel nach London noch keineswegs mit Nothwendigkeit auf einen Mangel derselben schliessen lassen. Denn weisen diese Eintragungen, welche übrigens den Vorschriften des Handelsgesetzbuches Art. 487 nicht genügen, weil sie eine nähere Angabe über den Wasserstand bei den Pumpen nicht enthalten, auch nach, dass die »Mettine« auf jener letzten Reise wiederholt so erheblich Wasser machte, dass die Mannschaft zu angestrengtem Pumpen gezwungen war, so ergiebt sich doch aus dem Journale, wie aus den Aussagen der Zeugen auch ferner, dass solches regelmässig nur bei stürmischem Wetter der Fall war, und ist im Uebrigen dabei auch ferner zu berücksichtigen, dass die damals geführte Ladung aus Theer bestand und diese die Ausgiebigkeit der Pumpen erfahrungsmässig wesentlich beeinträchtigt. Zudem ist es nach dem anfänglichen Verlaufe der am 16. November 1879 angetretenen letzten Reise im höchsten Grade wahrscheinlich, dass die »Mettine«, ohne das am Nachmittage des 17. November erfolgte Aufstossen, ihren Bestimmungshafen wirklich erreicht haben würde, und fehlte es darnach an genügenden Gründen, welche dem Schiffer den Antritt dieser Reise von vornherein als bedenklich hätten erscheinen lassen müssen.

2. Ebenso wenig liegen Anhaltspunkte dafür vor, dass Mängel in der Ausrüstung, Beladung oder der Bemannung der »Mettine« von irgend welchem Einflusse für den derselben widerfahrenen Seeunfall gewesen sein könnten, und ist insbesondere die Annahme einer Ueberladung durch das constatirte Verhältniss zwischen Tiefgang und Auswässerung, welches auch im ungünstigsten Falle sich noch immer auf 10½ Fuss zu 2½ Fuss stellen würde, ausgeschlossen.

3. Ferner ist erwiesen, dass sich die »Mettine« nach erfolgtem Aufstossen bereits nach Verlauf von einer Stunde trotz angestrengten Pumpens bis auf 7 Fuss mit Wasser gefüllt hatte, so wie nach Verlauf von einer ungefähr gleichen Zwischenzeit nach ihrem Verlassen durch die Mannschaft versunken ist, und erscheint darnach nicht blos die Angabe, dass ein Dichten des Leckes völlig unmöglich gewesen sei, durchaus glaubhaft, sondern auch die fernere Annahme gerechtfertigt, dass die Mannschaft in der That so lange als thunlich am Bord der »Mettine« ausgehalten habe.

4. Andrerseits bietet nun aber die stattgehabte Verhandlung zu den erheblichsten Zweifeln darüber Veranlassung, ob der am Mittage des 17. November 1879 in Sicht gekommene Leuchtthurm, welcher als derjenige von Terschelling in das Journal eingetragen ist, wirklich dieser letztere gewesen sei. Schon die bei der öffentlichen Verhandlung vom Steuermann Lutter zunächst gemachten Angaben, nach welchen jener Thurm derjenige von Schiermannikoog gewesen sein sollte, deuten darauf hin, dass man in der fraglichen Beziehung an Bord der »Mettine« durchaus nicht seiner Sache sicher gewesen ist, und kommt dazu die Aussage des Zeugen Baumann, dass er die Mannschaft der »Mettine« unter Terschelling aufgenommen habe, was schwerlich zutreffen könnte, wenn dessen Leuchtthurm wirklich von der »Mettine« bereits am Mittage SSW gepeilt wäre, endlich aber der Umstand, dass im Falle der Richtigkeit dieser Peilung nach dem seit 12 Uhr Mittags genommenen Curse, überall nicht ersichtlich ist, wo die »Mettine« aufgestossen haben könnte. Alle diese Verhältnisse führen vielmehr darauf hin, dass der am Mittage des 17. November gesehene Thurm ein mehr westlich gelegener, insbesondere derjenige von Eyerland auf Texel gewesen sein müsse, und scheint diese Annahme um so weniger einem Zweifel unterliegen zu können, als in solchem Falle der seit 12 Uhr Mittags gesegelte Curs die »Mettine« geradezu auf die äusserste Spitze der Westgründe vor dem Vliestrome zuführte. Auch stimmt nicht bloss das Ergebniss der beim ersten Erblicken von Brandung bezw. während des Stossens der »Mettine« vorgenommenen Lothungen mit dieser Annahme überein, sondern findet weiter auch der Umstand seine Erklärung, dass die »Mettine« nach in kurzen Zwischenpausen erfolgtem dreimaligen Aufstossen sofort wieder auf flottes Wasser gelangte.

5. Daneben findet die vorstehende Annahme eines Irrthums auf Seiten der Besatzung der »Mettine« bezüglich des am Mittage

des 17. November 1879 in Sicht gekommenen Thurmes noch dadurch eine weitere Unterstützung, dass, wie die übereinstimmenden Aussagen der vernommenen Zeugen, resp. der von der Deutschen Seewarte eingezogenen Witterungsbericht ergeben, an dem genannten Tage unsichtige Witterung herrschte. Diese letztere gereicht nun freilich einerseits den Betheiligten zur Entschuldigung und wird mit Rücksicht darauf insbesondere weder dem Schiffer noch dem Steuermann wegen der Unrichtigkeit des von ihnen am Mittage des 17. November aufgemachten Besteckes ein gegründeter Vorwurf gemacht werden können, auf der anderen Seite aber hätten jene Witterungsverhältnisse auch wieder als eine Mahnung zu besonderer Vorsicht angesehen werden sollen. Gleichwohl hat man es jedoch an solcher Vorsicht fehlen lassen, da ausweislich des Journals, obgleich man sich in der Nähe der Küste wusste, seit der Aufnahme des Mittagsbesteckes bis zum Erblicken der Brandung das Loth überall nicht gebraucht ist, und ist daneben nicht zu bezweifeln, dass, falls in solcher Beziehung pflichtgemäss verfahren wäre, auch rechtzeitig die drohende Gefahr erkannt sein würde.

6. Somit wird, da der der »Mettine« wiederfahrene Seeunfall durch das unterbliebene Lothen während der Nachmittagszeit des 17. November wesentlich bedingt wurde, auch derjenige Schiffsofficier nicht von der Verantwortlichkeit für denselben freigesprochen werden können, welcher während jener Zeit die Wache hatte. Erwiesenermassen ist dies der Schiffer Kracht selbst gewesen, und fehlt es zu einem Vorwurfe für den Steuermann Lutter an ausreichender Veranlassung. Uebrigens hat aber auch das Verschulden des Schiffers Kracht nicht als ein solches angesehen werden können, welches zu der Folgerung berechtigte, dass es ihm überhaupt an den zur Ausübung seines Gewerbes erforderlichen Eigenschaften mangele und ist daher so, wie geschehen, erkannt worden.

Die Entscheidung des Ober-Seeamts vom 24. März 1880 lautet: dass der Spruch des Königlich preussischen Seeamts zu Emden vom 27. December 1879, soweit er sich auf den Schiffer Kracht bezieht, zu bestätigen und die baaren Auslagen des Verfahrens ausser Ansatz zu lassen.

Gründe.

Das Seeamt hat seinen Spruch dahin abgegeben:

Der Verlust des Schooners »Mettine« ist auf das unsichtige Wetter am 17. November 1879, sowie auf ungenügenden

Gebrauch des Loths zurückzuführen. Der Schiffer Kracht ist somit nicht ohne Verschulden an dem Verlust des Schiffs; genügende Gründe, demselben die Concession zur ferneren Ausübung seines Gewerbes zu entziehen, liegen jedoch nicht vor. Den Steuermann Lutter trifft ein Verschulden am Verlust des Schiffes nicht, und findet der vom Reichscommissar gegen denselben gestellte Antrag auf Patententziehung damit von selbst seine Erledigung.

In Bezug auf den Steuermann ist der Spruch rechtskräftig geworden; dagegen hat der Reichscommissar über den letzteren Beschwerde geführt, weil dem Schiffer die Befugniss zur Ausübung seines Gewerbes nicht entzogen worden ist. Der Spruch ist indessen, soweit er der Anfechtung unterlegen hat, zu bestätigen gewesen.

Die Beschwerde erachtet die gedachte Entziehung lediglich deshalb für geboten, weil der Schiffer vom Loth einen ungenügenden Gebrauch gemacht und dadurch den Verlust der »Mettine« verschuldet habe. In dieser Hinsicht hat derselbe allerdings die vom Handelsgesetzbuch Art. 478 geforderte Sorgfalt eines ordentlichen Schiffers nicht bethätigt. Wie das Seeamt zutreffend festgestellt hat, ist auf der »Mettine« am 17. November 1879 von Mittags 12 Uhr bis Nachmittags 3 Uhr, zu welcher Zeit sie auf den Grund stiess, gar nicht gelothet worden, obwohl sich das Schiff in diesen 3 Stunden in der Nähe der niederländischen Küste befand. Die Angabe des Schiffers, dass er das Lothen unterlassen zu dürfen geglaubt habe, weil er der Meinung gewesen, dass er sich auf richtigem gefahrlosen Curse befinde, kann ihm nicht zur Entschuldigung gereichen. Für die Richtigkeit des gesteuerten Curses hatte er bei der Unsichtigkeit des Wetters keine Sicherheit; er war deshalb nothwendig darauf angewiesen, den Curs durch regelmässiges Lothen zu controliren. Hätte er dies gethan, so würde er rechtzeitig erkannt haben, dass er sich der Küste zu sehr genähert habe, und das Aufstossen hätte sich dann mit Leichtigkeit vermeiden lassen. Wegen der Unterlassung des Lothens trifft mithin den Schiffer ein ernster Vorwurf. Indessen kann aus dieser einmaligen Unachtsamkeit nicht gefolgert werden, dass es ihm an den zur Ausübung des Schiffergewerbes erforderlichen Eigenschaften mangele; denn im übrigen hat er sich so verhalten, wie es einem ordentlichen Schiffer geziemt. Die Gewerbebefugniss ist ihm daher zu belassen.

76. Spruch des Seeamts zu Hamburg vom 24. März 1880, betreffend den Seeunfall der Brigg „Teutonia“, von Wischhafen.

Strandung und Verlust des Schiffes in der Mündung des Opobo, Westküste von Afrika.

Die in Wischhafen heimathberechtigte deutsche Brigg »Teutonia«, Unterscheidungssignal PBFV, zu 648,9 cbm oder 229,06 Register-Tons netto vermessen, ist am 9. September 1879 in der Mündung des Flusses Opobo an der Westküste Afrikas, und zwar innerhalb der dortigen Barre, auf Grund gerathen und vollständig verloren gegangen. Führer des Schiffes war der Rheder desselben, Schiffer Heinrich Wilhelm Köster aus Hammelwörden. Nach Massgabe des Schiffsjournals, der von vier Leuten der, zur Zeit des Unfalls im ganzen aus zehn Personen bestehenden, Besatzung des Schiffes vor dem deutschen Consul in Lagos belegten Verklarung und der Aussagen des vom Seeamte eidlich vernommenen Schiffers Köster und des Bootsmannes hat sich der Unfall folgendermassen zugetragen.

Das Schiff verliess seinen Ankerplatz im Opobofluss mit voller, aus Palmöl bestehender Ladung, am Morgen des 9. September 1879 im Tau eines als Schlepper fungirenden, der Britisch-Africa-Steam-Navigation-Company gehörigen, ungefähr 400 Tons grossen, Küstendampfers. Die Reise war schon einmal am Tage vorher im Tau desselben Schleppers — der Name desselben war »Formosa«, den Namen des Schiffers hat Schiffer Köster nicht anzugeben vermocht — angetreten, die »Teutonia« war damals aber gleichfalls während des Abwärtspassirens an der östlichen Seite des Flusses festgerathen, und war sie dann der eingetretenen Verspätung halber, welche ein Passiren der Barre an jenem Tage unräthlich erscheinen liess und vor Allem behufs Untersuchung, ob das Schiff Schaden genommen haben könne, nach Opobo zurückgekehrt. Die daselbst, durch vom Schiffer und Ablader ernannte Besichtiger vorgenommene Untersuchung des Schiffes hatte aber dessen völlige Unversehrtheit und Seetüchtigkeit ergeben, so dass dasselbe schon am Tage darauf von Neuem seine Reise unternehmen konnte.

Das Schiff wurde geschleppt mit einer vom Dampfer entliehenen sehr starken Manillatrosse, in einem Abstande von 60 Faden. Es war verhältnissmässig ruhige See, und wurde dem Schiffer Köster von Leuten, die als die besten Kenner der Verhältnisse der Barre galten, zumal von dem dortigen Geschäftsführer eines Liverpooler

Hauses, Namens A. Zeller, versichert, dass ungefähr 17 Fuss Wasser auf der Barre seien. Die »Teutonia« ging vorne 12 und hinten $12\frac{1}{2}$ Fuss tief, und verliess Schiffer Köster seinen Ankerplatz ungefähr mit $\frac{1}{4}$ Fluth, um, wie üblich, mit $\frac{3}{4}$ Fluth die Barre passiren zu können.

Nach Aussage des Schiffers Köster gab es zu jener Zeit, mit Ausnahme des genannten A. Zeller, welcher regierungsseitig als Lootse zugelassen gewesen sei, das Lootsen aber nicht mehr betreibe, keine angestellten Lootsen in Opobo, vielmehr bedingen sich die Schiffer der Schleppdampfer für das Auslootsen der von ihnen geschleppten Schiffe üblicher Weise eine besondere Vergütung, während die Schiffe beim Einsegeln vollständig auf sich selbst angewiesen bleiben.

Als man ungefähr drei Seemeilen von Opobo entfernt war und sich noch etwa eine Seemeile innerhalb der Barre befand, bemerkte Schiffer Köster, dass der Schlepper zuweit östlich hinübertaute und rief dem Schiffer des Schleppdampfers eine entsprechende Warnung zu. Es war aber bereits zu spät, indem das Schiff gleich darauf bei 15 Fuss Wasser heftig aufstiess. Ehe man für den sogleich fallen gelassenen Anker genug Kette geben konnte, schob die Brandung das Schiff noch weiter auf die Sandbank, und vermochte der Dampfer das Schiff bald nicht mehr von der Stelle zu bewegen. Nachdem in der Folge das Schiff quer in die Brandung zu liegen gekommen war, so dass die See fortwährend über dasselbe wegbrach und ein Oeffnen der Luken, um Ladung zu werfen, unmöglich machte, das Schiff auch bereits 14 Zoll Wasser im Raum und sich stark begeben hatte, entschloss Schiffer Köster sich, das Schiff durch Schlippen der Ankerkette und Setzen der Fock noch höher auf den Strand hinaufzutreiben, um so die Rettung der an Bord befindlichen Personen durch Hülfe der mit Böten herangekommenen Bewohner von Opobo möglich zu machen. Die Rettung gelang dann auch am Nachmittage desselben Tages zwischen 3 und 4 Uhr, theils in dem eigenen Grossboot, theils in den von Opobo herangekommenen Böten. Schiff und Ladung ist in den darauf folgenden Tagen von den Eingeborenen unter Führung ihres Häuptlings ausgeplündert worden.

Hervorzuheben bleibt noch, dass Schiffer Köster sich dahin ausgesprochen hat, dass der Führer des Schleppers »Formosa« ihm von dem mehrgenannten Zeller, dessen Haus zugleich Ablader des Schiffes gewesen sei, als Kundiger und zuverlässiger Mann empfohlen worden sei, derselbe auch auf seinen Küstenreisen alle 14 Tage nach Opobo zu kommen pflege, dass ihm aber die Mittheilung eines Journalauszugs, betreffend den Unfall, von diesem Schiffer verweigert worden sei.

Unter Zugrundelegung des vorgeschilderten Sachverhalts, dessen Richtigkeit zu bezweifeln das Seeamt keinen Anlass hatte, musste der vorliegende Seeunfall als ein solcher erscheinen, welcher sich ohne Mitschuld des Schiffers und der übrigen Besatzung der »Teutonia« in Folge eines unrichtigen Manövrirens des als Schlepper fungirenden englischen Küstendampfers zugetragen hat.

77. Spruch des Seeamts zu Emden vom 30. März 1880, betreffend den Seeunfall des Schooners „Capella" von Barth.

Strandung und Verlust des Schiffes auf der Insel Juist.

Der Spruch des Seeamts lautet:

Der Verlust des Schooners »Capella« — JNWB — von Barth ist auf die stürmische Witterung vom 5. und 6. November 1879, insbesondere darauf zurückzuführen, dass der Schiffer und Steuermann durch eine Sturzsee über Bord gespült wurden. Daneben ist jedoch, wenn die »Capella« ihre letzte Reise mit einer Bemannung von nur drei Personen antrat, diese Bemannung mit Rücksicht auf die Grösse des Schiffes, namentlich aber mit Rücksicht auf die Jahreszeit, als eine ungenügende zu bezeichnen.

Thatbestand. Der zu Barth heimathberechtigt gewesene Schooner »Capella« — JNWB — ist am 6. November 1879 auf der Insel Juist gestrandet.

Ausweislich des Handbuches für die deutsche Handelsmarine de 1879 war das genannte Schiff im Jahre 1875 erbaut, zu einem Netto-Raumgehalte von 202,2 cbm = 71,38 Register-Tons vermessen, und hatte dasselbe im Monate October 1879 zu Geestemünde eine für Königsberg bestimmte Ladung von 440 Fässern Petroleum eingenommen, mit welcher es am 28. October 1879 von Geestemünde abfuhr. Die Besatzung des Schiffes bestand damals aus im ganzen drei Personen: Schiffer, Steuermann und einem Leichtmatrosen, ausser denselben war jedoch auch noch einer der Rheder des Schiffes selbst mit am Bord anwesend.

Ueber den Verlauf der Reise ergiebt das Journal Näheres nicht, da dasselbe mit der Abendwache des 28. October 1879, während welcher die »Capella« im Dwarsgatt vor Anker ging, abschliesst. Dagegen ist die Journalskladde bis zum 3. November fortgeführt, und erhellt aus der letzteren zunächst, dass die »Capella« am 29. October unter Helgoland kreuzte. Am 1. November wollte man dann in die Eider einlaufen, befand sich jedoch am Nachmittage des 2. November wieder in Sicht von Lister Tief Feuer, welches auch am Nachmittage des 3. November noch geschehen wurde. Im Uebrigen lassen die Eintragungen jener Journalskladde ersehen, dass seit Antritt der Reise mit geringer Unterbrechung Nord resp. NO Wind wehte, der wiederholt zum Sturme anwuchs. Den sonstigen Ermittelungen zufolge trat auch in der Nacht vom 5./6. November 1879 wiederum stürmisches Wetter mit hohem Seegange, ein und waren bald nach Mitternacht der Schiffer mit dem Steuermann und dem Matrosen bei dem Festmachen der Segel beschäftigt, als die »Capella« von einer schweren Sturzsee getroffen wurde, und letztere sowohl den Schiffer als den Steuermann über Bord spülte. Da der am Bord befindliche Rheder Schiffsdienste irgend welcher Art nicht zu leisten vermochte, der von der Besatzung allein noch übrig gebliebene Leichtmatrose aber ohne alle Assistenz das Schiff nicht zu lenken vermochte, so trieb die »Capella« steuerlos weiter, passirte mit Tagesanbruch ein Feuerschiff, welches, wie sich später herausgestellt hat, das Feuerschiff »Borkumriff« gewesen ist, und wurde dann, da sie auch von letzterem keine Hülfe erhielt, der Insel Juist zugetrieben, wo sie um die Mittagszeit strandete.

Die beiden noch am Bord befindlichen Personen wurden hier durch das Juister Rettungsboot vom Schiffe abgeholt, auch ist demnächst die Ladung, sowie das Schiffsinventar geborgen, das Schiff selbst aber nach stattgehabter Besichtigung für wrack erklärt.

Wegen der Witterungsverhältnisse wird schliesslich noch auf den von der Agentur der Deutschen Seewarte hierselbst eingezogenen Witterungsbericht, sowie den zu den Acten gelangten bezüglichen Auszug aus dem Journale des Feuerschiffs »Borkumriff« Bezug genommen.

Entscheidungsgründe. Vom Seeamte ist sodann Folgendes erwogen:

1. Durch die stattgehabte Verhandlung ist erwiesen, dass die »Capella« in der Nacht vom 5./6. November 1879 stürmisches Wetter zu bestehen hatte, dass dieselbe einige Zeit nach Mitternacht, von einer Sturzsee getroffen wurde, welche sowohl den Schiffer, als auch den Steuermann über Bord spülte, und dass darnach die Bemannung des Schiffes nur noch aus einem einzigen Leichtmatrosen bestand. Es liegt auf der Hand, dass letzterer das Schiff zu lenken allein nicht im Stande war, und ist es mithin völlig erklärlich, dass dasselbe durch Wind und Strömung auf den Strand getrieben wurde.

2. Dass ausser den vorbezeichneten Thatumständen sonstige Ursachen zu dem hier fraglichen Seeunfalle mitgewirkt haben sollten, hat dagegen die Verhandlung nicht ergeben. Insbesondere liegt nicht vor, dass dieselben in mangelhafter Bauart, Beschaffenheit oder Ausrüstung der »Capella« gesucht werden könnten, und erscheint ebensowenig eine Ueberladung derselben indicirt, da, abgesehen davon, dass die »Capella« in der von dem Führer des Feuerschiffs »Borkumriff« abgesandten Taubendepesche ausdrücklich als ein leicht beladener Gaffelschooner bezeichnet wird, eine Ladung von 440 Fässern Petroleum bei einem Durchschnittsgewichte von 350 ℔ pro Fass eine Gesammtbelastung von nicht mehr als 154 000 ℔ ergiebt, welche als eine die Ladungsfähigkeit des zu 71,38 Register-Tons vermessenen Schiffes übersteigende nicht angesehen werden kann.

3. Im übrigen scheint jedoch nach den Aussagen der früher beim Königlichen Amtsgerichte Norden vernommenen, jedoch mit Rücksicht auf die weite Entfernung zur Hauptverhandlung nicht wieder vorgeladenen Zeugen, nämlich des Leichtmatrosen Boes und des mit am Bord befindlich gewesenen Rheders Klock, die Annahme gerechtfertigt, dass die »Capella« auf ihren früheren Reisen stets eine Bemannung von vier Personen geführt hat, und kann es auch einem gegründeten Zweifel nicht wohl unterliegen, dass diese Zahl als das überhaupt zulässige Minimum der Besatzung habe angesehen werden müssen. Ein Herabgehen unter dieses Minimum während der für die Schiffahrt gefährlichsten Jahreszeit erscheint daher um so mehr ungerechtfertigt, als der als vierter Mann mit am Bord befindliche Rheder sich bei seiner Vernehmung vor dem Königlichen Amtsgericht Norden zu jeder Schiffsarbeit unfähig erklärt hat und diese seine Unfähigkeit ihm nicht bloss selbst schon früher klar gewesen sein musste, sondern voraussichtlich auch dem Führer des Schiffes nicht unbekannt geblieben sein konnte. Dabei muss

nun freilich dahin gestellt bleiben, ob nach dem Verluste der beiden Schiffsofficiere auch bei einer ursprünglich ausreichenden Besatzung sich durch den Rest derselben die Rettung des Schiffes habe bewerkstelligen lassen, unter allen Umständen wären jedoch in solchem Falle die Aussichten dafür schon um deswillen günstigere gewesen, als vermuthlich das Schiff alsdann nicht so, wie geschehen, vollständig Wind und Wellen überlassen zu werden brauchte und so lange dasselbe flott erhalten wurde, auch die Möglichkeit fremder Hülfe noch nicht ausgeschlossen war.

4. Da nun ferner festgestellt ist, dass die »Capella« am 6. November 1879 um die Zeit des Sonnenaufganges das Feuerschiff »Borkumriff« in unmittelbarer Nähe passirte, auch die Nothlage derselben, obgleich die nach Aussage der Zeugen Klock und Boes geheisste Nothflagge auf dem Feuerschiffe nicht gesehen sein soll, der Besatzung des letzteren wohl nicht entgangen ist, so musste sich fragen, ob nicht vom Feuerschiffe aus eine Hülfeleistung möglich und alsdann auch in Gemässheit der bezüglichen Dienstinstructionen zu versuchen gewesen sei. Eine solche Möglichkeit hätte nach der Meinung des Führers des Feuerschiffes vorgelegen, wenn er selbst zu der fraglichen Zeit nicht gerade der einzige Navigateur am Bord des Feuerschiffes gewesen wäre, indessen dürfte dieser Grund für sich allein wohl kaum als durchschlagend anzuerkennen sein, da, wenngleich die gehaltenen Nachfragen die Richtigkeit der bezüglichen Thatsache festgestellt haben, anderer Seits sich jedoch auch zugleich ergeben hat, dass sich ein examinirter Lootse am Bord des Feuerschiffes befand, von welchem in einem ähnlichen Falle schon früher ein Schiff glücklich die Weser binnen gebracht worden war. Es bleibt jedoch ferner zu berücksichtigen, dass das Journal des Feuerschiffes für die Zeit von Mitternacht bis zum Abend des 6. November 1879 »Sturm aus NW« verzeichnet. Daneben haben die Zeugen Büschenfeld und Labaan ausgesagt, dass, von dem Schiffsführer abgesehen, die Meinung der übrigen Besatzung des Feuerschiffes sich dahin ausgesprochen habe, dass es Sturmes und und hohen Seeganges halber nicht thunlich sei, mit dem Boote des Feuerschiffs an Bord der »Capella« zu gelangen, und scheint unter solchen Umständen aus dem Verfahren des Feuerschiffes ein Grund zu einem Vorwurfe um so weniger entnommen werden zu können, als ferner auch festgestellt ist, dass das Feuerschiff an dem fraglichen Tage seine vollständige Winterbesatzung noch nicht wieder an Bord hatte.

5. Bezüglich der Rettungsanstalten auf Juist sind endlich nach den Aussagen der Zeugen Klock und Boes Mängel überall nicht hervorgetreten und war aus allen diesen Gründen so, wie geschehen, zu erkennen.

78. Spruch des Seeamts zu Emden vom 10. Januar 1880 und Entscheidung des Kaiserlichen Ober-Seeamts vom 2. April 1880, betreffend den Seeunfall der Kuff „Elise Margaretha“ von Westeraccumersiel.

Schiff in der Nordsee leck gesprungen und von der Mannschaft verlassen.

Der Spruch des Seeamts lautet:

Der Verlust der Kuff »Elise Margaretha« — KFHC — von Westeraccumersiel ist auf die stürmische Witterung am 10. und 11. November 1879 zurückzuführen.

Den Schiffer Eilts trifft dabei ein Verschulden nicht, und findet damit der eventuelle Antrag des Reichscommissars, dem Schiffer Eilts die Befugniss zur ferneren Ausübung seines Gewerbes zu entziehen, von selbst seine Erledigung.

Thatbestand. Die zu Westeraccumersiel heimathberechtigt gewesene Kuff «Elise Margaretha« — KFHC — ist am 11. November 1879 in der Nordsee auf etwa 52° 30′ nördlicher Breite und 3° 50′ östlicher Länge von der Mannschaft verlassen worden.

Das genannte Schiff, welches im Jahre 1864 erbaut war und seit 1873 im Alleineigenthum seines Führers, des Schiffers Eilts aus Baltrum stand, war im Jahre 1875 neu vermessen und dabei unter Feststellung einer inneren Tiefe von 2,08 m, der Netto-Raumgehalt desselben zu 160,9 cbm und die Ladungsfähigkeit zu 56,80 Register-Tons ermittelt. Die letzte Reparatur des Schiffes hatte im Mai 1878 zu Bardenfleth stattgehabt; versichert war dasselbe bei dem Compacte Harmonie in Grossefehn für 6410 M. = 9/10 seines Taxwerthes.

In den letzten Tagen des October resp. den ersten Tagen des November 1879 hatte die »Elise Margaretha« zu Antwerpen eine für Brake bestimmte Ladung Glasscherben und Glassand eingenommen, vom letzteren 20 Tons, von den ersteren 72 Tons, so dass die ganze Ladung 92 Tons betrug und wird der Tiefgang des Schiffes mit jener Ladung im Salzwasser auf 6 Fuss gegen eine Auswässerung von 14 Zoll angegeben. Die Glasscherben lagen vorn und in der Mitte des Schiffes; hinten der Sand, und war letzterer durch Presenninge und alte Segel gegen erstere abgestaut. Am 7. November ging die »Elise Margaretha« sodann mit einer Besatzung von drei Personen von Antwerpen ab und gelangte am 10. November Vormittags bei gutem Wetter und südlichem Winde in See. Nachmittags ging jedoch der Wind zunächst nach NW, späterhin noch weiter nach Norden herum, und nahm seine Stärke am Abend bis zum Sturme zu. Gegen Morgen ging der Wind nach Westen und flauete ab; indessen arbeitete das Schiff in der hoch gehenden See nach wie vor schwer und wurde, nachdem man schon in der Nacht bemerkt hatte, dass das Schiff mehr als gewöhnlich Wasser mache, am 11. November um 8 Uhr Morgens der Leck so schlimm, dass beständig gepumpt werden musste. Vergeblich suchte man den Leck ausfindig zu machen, trotz des Pumpens nahm das Wasser immer mehr zu, und wurde daher, als ein fremdes Schiff in Sicht kam, eine Nothflagge gezeigt und auf dasselbe zugesteuert. Jenes Schiff war die »Henriette«, Schiffer Cassens aus Carolinensiel, die bei dem wieder zunehmenden Winde und Seegange zwar keine Hülfe zu leisten vermochte, jedoch in der Nähe zu bleiben versprach. Nachmittags machte der Schiffer sodann noch den Versuch Texel anzulaufen. Als indessen dieser Versuch misslang und dann Nachmittags etwa um 4 Uhr das Wasser im Raum der »Elise Margaretha« auf 3 Fuss gestiegen war, auch das Wetter wieder drohender wurde und die Mannschaft durch das angestrengte Pumpen bereits erschöpft war, beschloss dieselbe, mit ihrem Boote das Schiff zu verlassen und auf die »Henriette« überzugehen. Die letztere wurde denn auch glücklich erreicht, gerettet wurde jedoch Nichts, als das Schiffsjournal und einige Kleidungsstücke, und selbst das Boot musste man, als man sich an Bord der »Henriette« befand, treiben lassen. Während der folgenden Nacht blieb nun zwar die »Henriette« noch in der Nähe der Unfallsstelle, setzte aber als bei Tagesanbruch von der »Elise Margaretha« nichts mehr zu sehen war und daher angenommen werden musste, dass dieselbe während des schweren Wetters in der vergangenen Nacht gesunken sei, ihre Reise fort, und wurde die Besatzung der »Elise Margaretha« am 19 November 1879 in Brake gelandet.

Wegen der Witterungsverhältnisse wird auf den Witterungsbericht der Deutschen Seewarte in Hamburg verwiesen und sodann noch bemerkt, dass Seitens des Reichscommissars für den Fall, dass das Seeamt ein Verschulden des Schiffers bei dem Verluste seines Schiffes annehmen sollte, der Antrag gestellt wurde, demselben die Befugniss zur ferneren Ausübung seines Gewerbes zu entziehen.

Entscheidungsgründe. Vom Seeamt ist sodann Folgendes erwogen:

1. die stattgehabte Verhandlung bietet keine Veranlassung zu der Annahme, dass die Ursachen des Seeunfalles der »Elise Margaretha« in Mängeln der Bauart, Beschaffenheit oder Ausrüstung des Schiffes gesucht werden könnten und wird ebensowenig auch dessen Bemannung als ungenügend angesehen werden können, da dasselbe, abgesehen davon, dass es der Regel nach und namentlich während der letzten 3 Jahre stets nur mit 3 Personen gefahren ist, keine Raaen führte und unter solchen Umständen auch die wirklich vorhanden gewesene Besatzung dem für Schiffe von der Art und Grösse der »Elise Margaretha« hergebrachten Gebrauche entspricht.

2. Daneben ist freilich die von der »Elise Margaretha« auf ihrer letzten Reise geführte Ladung als eine schwere zu bezeichnen und mag es immerhin sein, dass die Beschaffenheit derselben für das Leckspringen des Schiffes nicht ohne Einfluss gewesen ist, da das letztere jedoch nach den Aussagen des Schiffers bei einem Tiefgange von 6 Fuss noch eine Auswässerung von 14 Zoll hatte und keine Thatumstände ermittelt sind, welche diese Angabe zu widerlegen geeignet wären, so kann auch eine Ueberladung des Schiffes nicht als erwiesen angenommen werden und fehlt es somit an jedem Grunde, welcher zu einem Vorwurfe gegen den Schiffer bezüglich der Beladung seines Schiffes berechtigen könnte.

3. Im übrigen ist durch die Aussagen der Zeugen resp. den Witterungsbericht der deutschen Seewarte zu Hamburg erwiesen, dass die »Elise Margaretha« am Abend des 10. November 1879, sowie während der Nacht vom 10./11. November und im Laufe des folgenden Tages besonders stürmisches Wetter zu bestehen hatte. Dadurch wird aber einerseits das Leckspringen des Schiffes mit seinen späteren Folgen erklärt, und liegt zugleich andrerseits überall nicht vor, dass seitens des Schiffers oder seiner Mannschaft irgend eine in deren Kräften stehende Massregel versäumt worden sei, welche zur Erhaltung des Schiffes als dienlich zu erachten gewesen wäre.

4. Insbesondere kann der vom Reichscommissar vertretenen Auffassung nicht zugestimmt werden, dass die »Elise Margaretha«

voreilig von ihrer Mannschaft verlassen worden sei. In dieser Beziehung ist nämlich nicht allein der Umstand in Betracht zu ziehen, dass das Wasser im Raume des Schiffes beim Verlassen desselben nach den übereinstimmenden Aussagen der Besatzung, deren Glaubwürdigkeit einem gegründeten Zweifel nicht unterliegen zu können scheint, bereits bis auf 3 Fuss gestiegen war, sondern auch ferner zu berücksichtigen, dass das noch immer andauernde schlechte Wetter den vorliegenden Anzeichen nach, die denn in der That auch während der folgenden Nacht ihre Bestätigung gefunden haben, noch einen bedenklicheren Charakter anzunehmen drohte. Dazu ging es gegen die Nacht, und wäre während derselben, da ein Mann für das Ruder, der zweite aber zum Ausguck hätte angestellt werden müssen, zur Bedienung der Pumpen allein der dritte Mann übrig geblieben. Die Kräfte eines einzelnen Mannes wären jedoch auch bei einem Wechsel der Mannschaften auf den verschiedenen zu besetzenden Posten offenbar unzureichend gewesen, um die »Elise Margaretha« bei dem bereits so erheblich gewachsenen Wasserstande im Raume über Wasser zu halten, und lässt sich kaum bezweifeln, dass beim längeren Aushalten der Mannschaften in dem schweren Wetter der Nacht vom 11. zum 12. November auch die letztere selbst mit dem Schiffe gesunken sein würde.

5. Somit erscheint das Verlassen des Schiffes am Nachmittage des 11. November 1879 völlig gerechtfertigt, auch sonst liegt keine Veranlassung vor, das Verfahren des Schiffers zu bemängeln, und findet unter solchen Umständen der vom Reichscommissar nur für den Fall, dass das Seeamt ein Verschulden des Schiffers annehmen sollte, gestellte Antrag auf Patententziehung von selbst seine Erledigung.

Die Entscheidung des Oberseeamts lautet:

dass der Spruch des Königlich preussischen Seeamts zu Emden vom 10. Januar 1880 lediglich zu bestätigen und die baaren Auslagen des Beschwerdeverfahrens ausser Ansatz zu lassen.

Gründe.

Das Seeamt hat seinen Spruch dahin abgegeben:

Der Verlust des Schiffs »Elise Margaretha« von Westeraccumersiel ist auf die stürmische Witterung am 10. und

11. November 1879 zurückzuführen. Den Schiffer Eilts trifft dabei ein Verschulden nicht, und findet damit der eventuelle Antrag des Reichscommissars, dem Schiffer Eilts die Befugniss zur ferneren Ausübung seines Gewerbes zu entziehen, von selbst seine Erledigung.

Die Ausführungen, mittelst deren die Beschwerde diesen Spruch angefochten hat, rechtfertigen nicht die Annahme, dass der Seeunfall oder dessen Folgen vom Schiffer Eilts verschuldet seien.

1. Die Beschwerde behauptet, die »Elise Margaretha« sei auf der letzten Reise ungenügend bemannt gewesen, da ihre Besatzung nur aus drei Personen bestanden habe. Schiffe von der Grösse dieses Fahrzeugs hätten meistens eine Besatzung von 4 Mann; auch die »Elise Margaretha« sei im Schiffsregister mit dieser Zahl aufgeführt; ein Schiff mit geringerer Bemannung sei den Gefahren der See auf einer Reise, die sich bis zu acht Tagen und länger ausdehnen könne, namentlich bei stürmischer Jahreszeit in keiner Weise gewachsen.

Wenn indessen das Handelsgesetzbuch Art. 480 den Schiffer verpflichtet, für die gehörige Bemannung des Schiffs zu sorgen, so ist bei dem Urtheil darüber, ob er dieser Pflicht genügt hat, nicht allein auf die Zahl sondern auch auf die persönliche Tüchtigkeit der Schiffsleute zu sehen. Hätte sich unter der Besatzung der »Elise Margaretha« ein Schiffsjunge befunden, so wäre das Schiff mit drei Personen allerdings zu schwach bemannt gewesen. Auf demselben haben jedoch ausser dem Schiffer der 45 Jahre alte Bestmann Hinrichs und der 21 Jahre alte Koch Frese gedient; diese drei in voller Kraft stehenden Männer bildeten für die »Elise Margaretha« eine ausreichende Besatzung, da dies Schiff nur einen Nettoraumgehalt von 160,9 cbm. hatte und keine Raaen führte. Wenn im Schiffsregister die Stärke der Besatzung der »Elise Margaretha« zu vier Personen angegeben ist, so ist daraus nur zu entnehmen, dass das Schiff einmal mit dieser Zahl bemannt gewesen ist; nicht aber ist daraus eine Verpflichtung für den Schiffer herzuleiten, stets dieselbe Personenzahl beizubehalten.

2. Die Beschwerde rügt, dass der Schiffer die »Elise Margaretha« überladen habe.

Die Ladung bestand auf der letzten Reise aus 72 Tonnen Glasscherben und 20 Tonnen Glassand; ihr Gewicht von 92 000 kg überstieg also die vermessene Ladungfähigkeit von 75 890 kg um 16 110 kg. Allein dies Uebergewicht ist deshalb ohne Erheblichkeit, weil die »Elise Margaretha« nach dem beeidigten Zeugniss des Bestmanns Hinrichs und des Schiffers Cassens bei einem Tiefgang von 6 Fuss eine Auswässerung von 14 bis 15 Zoll gehabt hat. Bei einer flach gebauten Kuff schliesst eine so beträchtliche Auswässerung die Annahme einer Ueberladung aus.

3. Bei der Hauptverhandlung zweiter Instanz ist zur Unterstützung der Beschwerde geltend gemacht worden, dass der Schiffer den Verlust der »Elise Margaretha« insofern verschuldet habe, als er am 11. November 1879 Vormittags 11 Uhr, zu welcher Zeit er die Gefahr seiner Lage erkannte, das Schiff nicht dadurch in Sicherheit zu bringen gesucht habe, dass er den Curs nach Ymuiden eingeschlagen, um dort das Schiff in Nothhafen zu bringen.

Auf diesem Wege würde der Schiffer die »Elise Margaretha« voraussichtlich nicht haben retten können. Dieselbe hatte damals bereits zwei Fuss Wasser im Raum, so dass beinahe ein Drittel des letzteren davon angefüllt war. Wind und Seegang waren zu dieser Zeit stark. Mit Grund hielt deshalb der Schiffer seine Lage für eine gefährdete. Es fehlte jede Sicherheit dafür, dass das Schiff bei dem widrigen Wetter in schwer leckem Zustande den noch in erheblicher Entfernung belegenen Hafen von Ymuiden erreichen könne; nach aller Wahrscheinlichkeit wäre es gesunken, ehe es an dies Ziel gelangt wäre. Dazu kam, dass die »Elise Margaretha« zu der angegebenen Zeit der »Henriette« ansichtig geworden war, von welcher sie in ihrer Noth Hülfe erwarten durfte und schliesslich auch erhalten hat. Von diesem Schiff hätte die »Elise Margaretha« sich trennen müssen, wenn sie den Hafen von Ymuiden aufsuchen wollte; denn die »Henriette« durfte ihren Curs nicht aufgeben, sondern musste den Weg nach ihrem Bestimmungshafen verfolgen. Der Gefahr gegenüber, in welcher sich die »Elise Magaretha« befand, hätte es der Schiffer Eilts nicht verantwortsn können, die Aussicht auf Rettung, welche ihm die »Henriette« bot, in der völlig ungewissen Hoffnung auf Erreichung eines Nothhafens aufzugeben. Er hätte die gebotene Vorsicht aus den Augen gesetzt, wenn er sich aus einem solchen Grunde von der »Henriette« entfernt hätte.

4. Die Beschwerde rügt endlich, dass der Schiffer die »Elise Margaretha« ohne dringende Veranlassung aufgegeben habe, indem sie annimmt, dass das Schiff an dem Punkte, auf welchem es von seiner Besatzung verlassen worden, nur vier deutsche Meilen von Ymuiden entfernt gewesen sei, mithin diesen Hafen noch am Abend des 11. November 1879 hätte erreichen können.

Diese Behauptung beruht zunächst auf einer unrichtigen thatsächlichen Voraussetzung. Die »Elise Margaretha« befand sich, als sie aufgegeben wurde, auf 52° 30′ nördlicher Breite und 3° 50′ östlicher Länge; sie war also viel weiter als vier deutsche Meilen von Ymuiden entfernt. Ueberdies aber handelte es sich nicht blos darum, die Entfernung bis Ymuiden zurückzulegen, sondern ausserdem auch darum, die Einfahrt in den dortigen Hafen zu gewinnen, wenn das Schiff in Sicherheit gebracht werden sollte. Die Sandbänke, welche vor diesem Hafen liegen, erschweren die Einfahrt in denselben so sehr, dass dieselbe schon unter sonst günstigen Verhältnissen ohne die Führung eines Lootsen schwer zu gewinnen ist. Wäre es der »Elise Margaretha« wirklich gelungen, sich am 11. November 1879 bei Forsetzung der Fahrt über Wasser zu erhalten und noch in später Stunde bis in die Nähe von Ymuiden zu kommen, so würde sie an dem dunkeln stürmischen Novemberabend nach aller Wahrscheinlichkeit auf einer der dortigen Bänke ihren Untergang gefunden haben, nicht aber in den Hafen gelangt sein. Es ist aber nicht einmal anzunehmen, dass das Schiff auch nur bis in die Nähe von Ymuiden gekommen wäre; denn die Fahrgeschwindigkeit von fünf Seemeilen in der Stunde, welche die Beschwerde ihrer Berechnung zu Grunde legt, hat das Schiff nur in unversehrtem Zustande gehabt; je mehr Wasser es in Folge des Lecks in sich aufnahm, desto langsamer musste seine Fahrt werden. Vielmehr ist als erwiesen zu betrachten, dass der »Elise Magaretha« in der gefahrvollen Lage, in welcher sie sich am Nachmittag des 11. November 1879 befand, jede begründete Aussicht auf Rettung abgeschnitten war und dass deshalb die Besatzung dieses Schiffs und namentlich den Schiffer kein Vorwurf treffen kann, wenn dasselbe damals aufgegeben worden ist.

Ein Verschulden des Schiffers Eilts an dem Seeunfall ist somit nicht erwiesen; dem Antrage auf Entziehung der Gewerbebefugniss kann daher nicht Folge gegeben werden.

Die baaren Auslagen des Beschwerdeverfahrens bleiben ausser Ansatz, weil die Beschwerde vom Reichscommissar eingelegt ist.

79. Spruch des Seeamts zu Stralsund vom 4. Februar 1880 und Entscheidung des kaiserlichen Oberseeamts vom 3. April 1880, betreffend den Seeunfall des Schooners „Carl“ von Barth.

Schiff bei Zempin (pommersche Küste) gestrandet, später wieder abgebracht.

Der Spruch des Seeamts lautet:

dass der Seeunfall, durch welchen der Schooner »Carl« bei Zempin gestrandet, dadurch verursacht worden ist, dass der Schiffer Meyer eine Seefahrt unternommen hat, zu welcher er keine Befähigung gehabt hat, und dass der Schiffer Meyer ausserdem den Unfall durch Unterlassung der erforderlichen Lothungen verschuldet hat, dass aber keine Veranlassung vorliegt, dem Schiffer Meyer deswegen die Ausübung seines Gewerbes als Küstenschiffer zu entziehen.

Gründe. Der Schooner »Carl«, Schiffer J. C. F. Meyer, von Barth, Unterscheidungssignal JLMK, ging am 12. November 1879 mit einer Ladung Roggen von Libau nach Bremen in See. Am 15. November Abends gegen 10 Uhr gerieth dasselbe bei dicker Luft mit Schneegestöber und hohem Seegange beim Dorfe Zempin auf der Insel Usedom auf den Strand, wurde leck, musste entlöscht werden und wurde demnächst durch den Dampfer »Oeresund« aus Kopenhagen in den Hafen von Wolgast als Nothhafen geschleppt.

Während der ganzen Reise herrschte meist starker Nordwind und war schwerer Seegang mit dicker Luft und Schneeböen.

Nach den im Logbuche verzeichneten Segelcursen sollte sich das Schiff zur Zeit der Strandung etwas südlich von Bornholm befinden. Wenn nun auch die Möglichkeit einer so starken Abtrift mit Rücksicht auf die herrschenden nördlichen Winde angenommen worden ist, so trifft den Schiffer doch die Schuld, dass er es unterlassen hat, bei dem dicken Wetter anderweitige geeignete Hülfsmittel anzuwenden, um sich über den jeweiligen Stand des Schiffes zu orientiren. In dieser Beziehung geht aus dem Logbuch nur hervor, dass zweimal gelothet worden ist, einmal am Tage vor dem Unfalle und das zweite Mal ungefähr 4 Stunden vor dem Unfalle. Beide Male sollen 23 Faden Wasser gefunden sein. Die letztere Lothung ist mit der Karte nicht in Einklang zu bringen, da eine so beträchtliche Wassertiefe sich kaum in doppelter Entfernung von der Küste findet. Die Lothungsangaben im Logbuche erscheinen aber auch sonst verdächtig, da dieselben nach dem Augenscheine sehr wahrscheinlich nachgetragen sind und der Zeuge Lewerenz von einer Lothung am Tage des Unfalles nichts bemerkt hat, während dieselbe doch bei so ungünstigen Wetterverhältnissen kaum ohne seine Beihülfe hätte ausgeführt werden können. Ob der Schiffer sein Besteck in Ordnung gehabt hat, ist aus dem Logbuche ebensowenig als aus den Angaben desselben zu entnehmen. Der Schiffer Meyer hat nach dem producirten Befähigungszeugniss der Königlichen Regierung zu Stralsund nur die Befähigung für Küstenschifffahrt. Da er hiernach und nach seinen Auslassungen nicht die Befähigung hatte, sich durch sein Besteck zu orientiren, musste er um so regelmässiger und sorgfältiger das Loth gebrauchen. Dies hat der Schiffer so gut wie gar nicht gethan und dadurch den Unfall verursacht.

Den Antrag des Reichscommissars auf Concessions-Entziehung betreffend, so hat das Seeamt nicht geglaubt, denselben entsprechen zu können. Die schon vorher erwähnte Concession für Küstenschifffahrt, welche Schiffer Meyer besitzt, berechtigt ihn nach §. 14 des Bundes-Gesetzes vom 25. September 1869 zur Ausübung seines Gewerbes im bisherigen Umfange. Hiernach hatte Schiffer Meyer garnicht die Befugniss mit dem laut Messbrief vom 27. März 1875 174,1 cbm = 61,46 Tonnen grossen Schiffe »Carl« die Reise von Libau nach Bremen zu unternehmen, da nach §. 1 b des citirten Gesetzes mit solchen Fahrzeugen Küstenschiffahrt nur innerhalb 20 Seemeilen von der Küste betrieben werden darf.

Aus der mangelnden Befähigung für die unternommene Seeschiffahrt folgt noch nicht der Mangel der Befähigung für Küstenschiffahrt und dem Schiffer Meyer eine Befugniss — nämlich die Befugniss der Ausübung des Gewerbes eines Seeschiffers — zu entziehen, welche er gar nicht besitzt, liegt kein Grund vor.

Demgemäss ist der Spruch des Seeamts so, wie geschehen, gefällt worden.

Die Entscheidung des Ober-Seeamts lautet:

dass der Spruch des Königlich preussischen Seeamts zu Stralsund vom 4. Februar 1880 dahin abzuändern, dass dem Schiffer Ferdinand Meyer in Wiek auf dem Dars die Befugniss zur Ausübung des Küstenschiffergewerbes zu entziehen und die baaren Auslagen des Verfahrens ausser Ansatz zu lassen.

Gründe.

Das Seeamt hat seinen Spruch dahin abgegeben,

dass der Seeunfall, durch welchen der Schooner »Carl« bei Zempin gestrandet, dadurch verursacht worden ist, dass der Schiffer Meyer eine Seefahrt unternommen hat, zu welcher er keine Befähigung gehabt hat, und dass der Schiffer Meyer ausserdem den Seeunfall durch Unterlassung der erforderlichen Lothungen verschuldet hat, dass aber keine Veranlassung vorliegt, dem Schiffer Meyer deswegen die Ausübung seines Gewerbes als Küstenschiffer zu entziehen.

Die gegen diesen Spruch des Seeamtes gerichteten Ausführungen der Beschwerde sind als zutreffend anzuerkennen.

1. Es ist dem Seeamte darin beizupflichten, dass der Schiffer Meyer durch seine Sorglosigkeit und Unfähigkeit den Seeunfall, von welchem der Schooner »Carl« betroffen ist, verschuldet hat. Dagegen ist demselben nicht beizupflichten in der Annahme, dass aus der bei dieser Gelegenheit von dem Schiffer gezeigten mangelhaften Befähigung für die Seeschiffahrt noch nicht der Mangel der Befähigung für die Küstenschiffahrt zu folgern sei.

Ganz abgesehen davon, in wie weit der Schiffer Meyer bei der letzten Fahrt des »Carl« seine Befugnisse hinsichtlich der Ausübung des Schiffergewerbes überschritten hat, hat derselbe hierbei zur Genüge dargethan, dass es ihm auch an denjenigen Kenntnissen und Fähigkeiten mangelt, welche lediglich zur Ausübung des Gewerbes eines Küstenschiffers erforderlich sind. Meyer besitzt, wie er selbst einräumt, fast gar keine nautischen Kenntnisse; bei dem Absetzen des Bestecks in der Verhandlung zweiter Instanz hat er gezeigt, dass es ihm selbst hierin an der nothwendigen Sicherheit fehlt. Dasjenige Hülfsmittel für eine einigermassen gesicherte Navigirung, welches ihm hiernach allein verblieb, das Loth, hat er aber entweder ganz vernachlässigt oder in einer Weise benutzt, die für die Navigirung womöglich noch gefahrvoller ist, als die Nichtbenutzung. Der Zweifel daran, ob die letzte Lothung, welche nach den Angaben des Schiffers und des Steuermanns Nausch am 15. November 1879 um 4 Uhr Nachmittags stattgefunden haben soll, überhaupt stattgehabt hat, bleibt ungeachtet der beeidigten Zeugenaussage des Nausch bestehen und wird dadurch verstärkt, dass an der Stelle, an welcher sich das Fahrzeug zu dieser Zeit befand, nur höchstens 8 Faden Wassertiefe vorhanden sind, dass ein Irrthum in der Lothung zwischen 8 und 23 Faden Wasser selbst unter den damaligen Umständen höchst unwahrscheinlich ist, und dass die Angabe über diese Lothung im Journal augenscheinlich erst später nachgetragen ist. Sollte aber der Schiffer Meyer dennoch zu dieser Zeit gelothet haben, so hat er gezeigt, dass er nicht ein Mal das Loth zu benutzen versteht, da es nur geringer Uebung bedarf, um bei einer Wassertiefe von 8 Faden während der geringen Fahrt von ungefähr 2,5 Seemeilen eine richtige Lothung zu nehmen. Wenn Meyer in seiner Gegenerklärung auf die Beschwerde ferner hervorhebt, dass man, um zu lothen, an den Wind drehen müsse, und dass dies bei dem starken Winde und der hohen See gefährlich gewesen wäre, so ist dagegen anzuführen, dass das Schiff, wie aus dem Journal hervorgeht, während des ganzen Nachmittages am 15. November nur unweit vom Winde lag, insofern der Wind Nord, NzW und NzO und der gesteuerte Curs West und WzN war; die Fahrt war ausserdem gering; es war daher bei den dicht gerefften Segeln mit keiner besonderen Gefahr verbunden, noch etwas mehr anzuluven, um noch weiter die Fahrt zu verringern und so mit voller Sicherheit lothen zu können. Es liegt also ein Entschuldigungsgrund für das Unterlassen häufigerer Lothungen nicht vor.

2. Nicht beizutreten ist ferner dem Spruche des Seeamtes, soweit derselbe zwischen Seeschiffahrt und Küstenschiffahrt, zwischen Seeschiffer und Küstenschiffer eine gegensätzliche Unterscheidung macht. Der Paragraph 1 der Vorschriften über die Registrirung und die Bezeichnung der Kauffahrteischiffe vom 13. November 1873 bezeichnet als Seefahrt (Seeschiffahrt) jede Fahrt ausserhalb der daselbst festgesetzten Grenzen. Ueber die letzteren geht der Bereich, innerhalb dessen nach der Bekanntmachung, betreffend die Prüfung der Seeschiffer und Seesteuerleute, vom 25. September 1869 §. 1 Küstenschiffahrt betrieben wird, weit hinaus. Die Küstenschiffahrt bildet also nicht einen Gegensatz zur Seeschiffahrt, sondern einen Theil der letzteren; mithin ist jeder Küstenschiffer ein Seeschiffer. Diejenigen Zweige der Seeschiffahrt, welche den Gegensatz der Küstenschiffahrt bilden, sind die kleine und die grosse (europäische und aussereuropäische) Fahrt (Bekanntmachung vom 25. September 1869 §. 1 bis 3).

Eben so wenig ist die Auffassung des Seeamts begründet, auf welcher seine Ausführungen über den Umfang der gewerblichen

Befugnisse des Schiffers Meyer beruhen. Die Berechtigung desselben zur Ausübung des Küstenschiffergewerbes setzt sich aus zwei Bestandtheilen zusammen. Zunächst ist er vermöge des Befähigungszeugnisses, welches ihm die Königlich preussische Regierung zu Stralsund am 26. August 1864 ertheilt hat, nach der Gewerbeordnung vom 21. Juni 1869 §. 1 und dem preussischen Reglement über die Befähigung zur Führung von Küstenfahrzeugen vom 20. Mai 1864 §. 2 berechtigt, Schiffe von nicht mehr als dreissig Lasten Tragfähigkeit = 127,2 cbm Netto-Raumgehalt zwischen den nicht über den 57. Grad nördlicher Breite hinaus belegenen Häfen der Ostsee, einschliesslich der Häfen am Sunde und an den Belten, selbständig zu führen. Diese Berechtigung ist bestätigt durch den §. 14 b der Bekanntmachung vom 25. September 1869. Hierzu tritt sodann in Gemässheit des §. 1 derselben Bekanntmachung die Berechtigung zur Fahrt mit Seeschiffen unter 30 Tonnen Tragfähigkeit = 63,6 cbm Netto-Raumgehalt in der ganzen Ostsee und in der Nordsee bis zum 61. Grad nördlicher Breite, sowie mit Fahrzeugen jeder Grösse, sofern dieselben sich nicht über 20 Seemeilen von der Küste entfernen. Die gewerbliche Befugniss des Schiffers Meyer reichte also weiter, als das Seeamt annimmt. Aber darin ist dem letzteren beizutreten, dass Meyer durch die mit dem »Carl« unternommene Reise die Grenzen dieser Befugniss überschritten hat; denn der »Carl« hat auf derselben, obwohl sein Netto-Raumgehalt nach dem Schiffsregister 174,1 cbm betrug, sich mehr als 20 Seemeilen von der Küste entfernt.

Die gewerbliche Berechtigung dem Schiffer Meyer zu entziehen, ist bei dem von ihm gezeigten grossen Mangel an solchen Fähigkeiten und Kenntnissen, welche zur Ausübung des Küsten-Schiffergewerbes erforderlich sind, unbedingt geboten.

Die baaren Auslagen des Verfahrens bleiben ausser Ansatz, weil die Beschwerde vom Reichscommissar eingelegt ist.

80. Spruch des Seeamts zu Stettin vom 7. April 1880, betreffend den Seeunfall des Schooners „Copernicus“ von Stettin.

Schiff bei Kussfeld (Halbinsel Hela) gestrandet, Mannschaft ertrunken.

Der Spruch des Seeamts lautet:

dass der Seeunfall — die Strandung — des Schooners »Copernicus« (JNCB) und der Untergang seiner gesammten Besatzung am 14. November 1879 bei Kussfeld (Halbinsel Hela) vermuthlich durch das Ueberschiessen der Ladung in Verbindung mit Ueberladung verursacht worden ist.

Gründe. Das Schiff »Copernicus« ist im Jahre 1867/68 von Eichenholz auf buchenem Kiel in Kravelart mit plattem Gatt gebaut, hatte ein Deck, zwei Masten, war als Schooner getakelt und führte keine Dampfmaschine, hatte auf dem Deck die Kajüte und das Kochhaus, war mit einer Metallhaut nicht versehen und hatte einen Netto-Raumgehalt von 178,8 cbm oder 63,12 britische Register-Tons. Es befand sich im alleinigen Eigenthum des Schiffers Gustav Hermann Sievert aus Ziegenort, welcher das Schifferzeugniss erster Klasse besass.

Im Jahre 1876 ist das Schiff zu Odensee gekielholt und vom Kiel bis zum Deck gedichtet.

Im März 1878 ist es auf Anordnung des Büreau Veritas innen und aussen geöffnet worden, wobei es nicht die geringste Fäulniss an Hölzern oder Planken zeigte, vielmehr in allen Theilen gut befunden wurde. Es erhielt deshalb die Klasse 3/3 P 1. 1. auf 5 Jahre.

Versichert war das Schiff mit 6800 ℳ.

Am 12. November 1879 verliess das Schiff unter Führung des genannten Schiffers Sievert mit einer Ladung Roggen nach Lübeck bestimmt den Hafen von Liebau. Die Ladung wog 2231,18 Ctr. und war versichert mit 18 000 ℳ.

Die Besatzung bestand ausser dem Schiffer aus einem Bestmann, einem Matrosen und einem Kochjungen.

Am Nachmittage des 14. November wurde von Heisternest (Insel Hela) aus ein Schiff (kleiner Schooner mit 2 Masten) bemerkt, welches etwa 1/2 Seemeile vom Strande ausserhalb des Riffs sich befand, alle Segel (ausgenommen den Aussenklüver, welcher auf den Klüverbaum festgemacht war) gesetzt hatte und den Curs

WNW nahm, während der Wind ONO war. Der letztere war zwar von mässiger Stärke, aber die See ging hoch. Der Schooner zeigte zwar keine Nothflagge, befand sich aber offenbar in Gefahr, da der Seegang für das Schiff zu stark war. Seegang und Wind nahmen immer mehr zu. Man hielt deshalb vom Lande aus das Schiff für verloren, indem man annahm, dass es nach Lage der Verhältnisse stranden müsse, etwa bei Kussfeld. Zu seiner oder der Besatzung Rettung konnte aber nichts geschehen, da inzwischen auch die Nacht hereinbrach. Einige Fischer, die um denjenigen der Besatzung, welche etwa an das Land geworfen würden, Hülfe zu leisten ungefähr ³/₄ Meile weit längs dem Strande in der Richtung hingingen, welche das Schiff nahm, sahen zwar gegen 8 Uhr Abends, als eine harte Böe überkam, Lichter vom Schiffe aufblitzen, aber sofort wieder in den Wellen versinken. Sie nahmen deshalb an, dass das Schiff gekentert sei. Von dem Schiffe wurde Nichts mehr gesehen. Am anderen Morgen waren mehrere Schiffstrümmer zwischen Heisternest und Kussfeld an den Strand geworfen, der auf der Seite liegende Schiffskörper trieb kollernd längs Landes nach dem Leuchtfeuer bei Danziger Heisternest zu. Unter den angespülten Schiffstrümmern befanden sich mehrere Namensbretter mit der Aufschrift »Copernicus aus Ziegenort«, welche auch ihrer Beschaffenheit nach als von dem fraglichen Schiffe gleichen Namens herrührend recognoscirt sind, so dass über die Identität des Schiffes kein Zweifel herrschen kann. Das Wrack, auf welchem sich Niemand von der Besatzung befand, wurde nach etwa 8 Tagen bei Heisternest-Leuchtfeuer angetrieben. Von der Besatzung sind 2 Personen als Leichen in Hela an das Land getrieben. Die beiden anderen Personen der Besatzung sind seit dem Schiffbruch verschollen, sodass auch an ihrem Untergange nicht zu zweifeln ist.

Ueber die Gründe des fraglichen Seeunfalles können in Ermangelung von Angaben der Schiffsbesatzung selbst nur Vermuthungen herrschen. Nach Ansicht des Strandhauptmanns Klotz zu Putzig, welcher das Schiff ebenfalls in seiner Noth gesehen hat, ist es durch Sturm, Wellenschlag und Schneeböen von seinem Curse verschlagen und dem Lande so nahe gedrängt, dass es nicht mehr freikommen konnte. Viel wahrscheinlicher ist es jedoch, dass es durch Ueberschiessen der aus Roggen bestehenden Ladung unregierbar geworden und schliesslich zum Kentern gebracht ist. Gerade hierfür spricht die Richtung des Schiffes nach Land und das plötzliche Verschwinden der Lichter. Mitgewirkt bei dem Seeunfall hat vermuthlich auch die Ueberladung des Schiffes. Eine solche ist nämlich im vorliegenden Falle anzunehmen, da nach dem Raumgehalte des Schiffes von 178,8 cbm in Gemässheit des §. 33 der Schiffsvermessungs-Ordnung vom 5. Juli 1872 seine Tragfähigkeit nur ungefähr 1 666 Ctr. betrug, während die Ladung ein Gewicht von über 2 200 Ctr. hatte.

81. Spruch des Seeamts zu Stettin vom 7. April 1880, betreffend den Seeunfall des Schraubendampfers „Martha" von Stettin.

Schiff an der Westküste der Insel Oesel gestrandet und wrack geworden.

Der Spruch des Seeamts lautet:

dass der Seeunfall — Untergang — des Schraubendampfers »Martha« (JDGF) an der westlichen Küste der Insel Oesel (rigaischer Meerbusen) durch Verwechselung der Leuchtfeuer, in Verbindung mit unrichtiger Navigation und Stromversetzung verursacht und seitens des Schiffers Albert Knochenhauer zu Stettin in Folge des Mangels solcher Eigenschaften, welche zur Ausübung seines Gewerbes erforderlich sind, verschuldet worden ist. Dem Genannten ist auf Antrag des Reichscommissars die Befugniss zur Ausübung des Gewerbes als Schiffer entzogen.

Gründe. Der Schraubendampfer »Martha« ist in den Jahren 1871 72 von Eisen gebaut, hatte 2 Decks und 2 Masten, führte eine Dampfmaschine von 65 Pferdekraft, hatte einen Netto-Raumgehalt von 786,5 cbm oder 277,64 britischen Register-Tons und befand sich mit 72/88 Parten im Besitze des Kaufmanns Fritz Ludwig Peter Ivers zu Stettin, mit 16/88 Parten dagegen im Besitze des Schiffers Carl Streeck, welcher es seit seiner Erbauung und zwar auf Fahrten nach und von Russland führte. Untersucht ist das Schiff von dem Büreau Veritas im Jahre 1876 zu Stettin und im Jahre 1879 zu Reval, im guten Zustande gefunden und mit I 3/3 G 1. 1. classificirt. Versichert war es zur Taxe von 118 800 ℳ. mit 82/88 Parten in Höhe von 100 700 ℳ., während 6/88 Parten, wovon 4/88 dem Rheder und 2/88 dem Schiffer gehörten, nicht versichert waren.

Am 8. December 1879 trat das Schiff wohlbemannt und ausgerüstet mit einer Ladung von Mühlsteinen, Mais, Eisengusswaaren, Kesselröhren und Stückgütern im Gewichte von 172 020 kg von Swinemünde aus eine Reise nach Riga an, wurde dies Mal aber nicht von dem Schiffer Streeck, sondern von dem Schiffer Albert Johann Wilhelm Knochenhauer von Stettin geführt. Derselbe besass das Befähigungszeugniss als Schiffer auf grosser Fahrt, hatte aber bisher nur immer kleinere Segelschiffe, allerdings auch nach russischen Häfen geführt. Die Rheder engagirten den p. Knochenhauer als Schiffer für die gedachte Fahrt, welche die letzte der vorjährigen Schiffahrt sein sollte, weil Schiffer Streeck durch Krankheit verhindert war und sie den p. Knochenhauer mit Rücksicht auf seine bisherigen glücklichen Fahrten auch zur Führung eines grösseren Schiffes und zwar eines Dampfschiffes für qualificirt erachteten; p. Knochenhauer seinerseits nahm aber das Engagement nur ungern und nur aus Gefälligkeit für den p. Streeck an, dem er verpflichtet war.

Auf dem Schiffe befanden sich ausser einer Segelkarte aus dem Jahre 1852 auch noch neueste Karten von 1878 und 1879, ferner die Nachrichten für Seefahrer bis April 1879, ein Leuchtfeuerverzeichniss vom Jahre 1876 und eine Deviations-Tabelle, welche im Herbste 1878 von dem Navigationslehrer Raetzke zu Grabow a/O. gefertigt, sich nach Angabe des Schiffers Streeck bisher als richtig erwiesen hatte.

Vor Antritt der Reise hat Schiffer Streeck dem Schiffer Knochenhauer auf der erwähnten Karte von 1852 den zweckmässigsten Curs nach Riga angegeben, ihm auch über das Vorhandensein und die Zuverlässigkeit der Deviations-Tabelle Mittheilung gemacht. Nach den Leuchtfeuern hat sich Knochenhauer bei Streeck nicht besonders erkundigt.

Der Steuermann auf dem Schiffe, ein Sohn des Schiffers Streeck, hatte unter seinem Vater bereits eine Reise nach und von Reval im October 1879 gemacht, gerirte sich aber auf der hier erheblichen Fahrt wiederum nur als Steuermann, während Knochenhauer auch thatsächlich die Führung des Schiffes hatte.

Der Compass befand sich auf Deck mittschiffs. Etwa 15 Schritte von ihm entfernt lagerte, ebenfalls auf Deck, ein Dampfkessel von ungefähr 60 Ctr. Gewicht, welcher anderweitig nicht unterzubringen gewesen war. Ohne Zweifel muss diese grosse Masse Eisen in nächster Nähe des Compasses einen bedeutenden Einfluss auf denselben ausgeübt haben. Es ist jedoch von keiner Seite der Versuch gemacht, die hierdurch verursachte Abweichung der Compassnadel festzustellen. Der Schiffer Streeck hat den p. Knochenhauer nicht auf den fraglichen Umstand aufmerksam gemacht, dieser hat ihn von selbst nicht beachtet und der Steuermann Streeck nur eine grosse Unruhe der Nadel wahrgenommen. So lange das Schiff im Angesicht der pommerschen Küste blieb, hätte Knochenhauer noch die Möglichkeit gehabt, die Richtigkeit der Deviations-Tabelle auch für die obwaltenden Verhältnisse zu controliren, er hat dies aber unterlassen und wäre hierzu seiner Angabe nach des diesigen Wetters wegen auch nicht im Stande gewesen.

Verhängnissvoll für die Fahrt des Schiffes war der den sämmtlichen Betheiligten unbekannte Umstand, dass im September 1879 an der Küste von Kurland auf dem sogenannten »Backofen« ungefähr 57° 11,5′ nördlicher Breite und 21° 25,0′ östlicher Länge ein weisses Drehfeuer alle 30 Secunden drei rasch auf einander folgende Blinke zeigend angezündet und bei einer Augenhöhe von 7 m ungefähr 21, bei einer Augenhöhe von 4,5 m ungefähr 18 Seemeilen weit sichtbar ist. Bei dem Verlassen des Hafens von Swinemünde war der Wind SO. Das Schiff nahm den verbesserten Curs NOzO½O und befand sich Nachmittags dwars vom Leuchtthurm von Gr. Horst, dessen Entfernung jedoch des diesigen Wetters wegen schwer anzugeben war.

Der Wind ging allmählig über Süd nach West und wurde heftiger. Am 9. December Morgens kam er aus SW und WSW, alle Segel wurden weggenommen, die Luft war dick bezogen. Das Schiff schlingerte sehr, so dass die Compass-Rose nach beiden Seiten drei Strich hin und zurück ging und hierdurch ein genaues Steuern unmöglich machte. Der Wind ging immer westlicher bis WzN, der Seegang wurde immer höher. Abends 8 Uhr wurde voraus in NOzO ein Blinkfeuer wahrgenommen, welches Schiffer und Steuermann für Libau-Feuer hielten. Dieses ist ein weisses festes Feuer mit Blinken, jede Minute ein Blink von 4 bis 5 Secunden Dauer. Es wurde an der Identität dieses Feuers mit dem gesehenen um so weniger gezweifelt, als namentlich der Steuermann glaubte wahrzunehmen, dass das Feuer in Intervallen von 4 bis 5 Secunden blinkte. Aber allerdings konnte die Beobachtung des Feuers nur eine sehr ungenaue sein, weil die Luft dick von Schneegestöber war.

Hiernächst wurde dem Schiffe der Curs NzO gegeben und um 11½ Uhr Abends dasselbe Feuer SSO im Verschwinden gepeilt. Am 10. December um Mitternacht wurde es total dick von Schnee und hart wehend aus WNW. Um 2 Uhr will p. Knochenhauer die Maschine haben stoppen, das Loth werfen und, nachdem 12 Faden Wasser gefunden worden, das Schiff wiederum haben vorwärts gehen lassen. Das Journal enthält jedoch hierüber keine Angaben. Um 6 Uhr Morgens wurde es etwas flauer und ein Feuer in NNO gesehen, welches für Lyserort-Feuer gehalten wurde. Letzteres ist ein weisses festes Feuer, welches 57° 34′ 7″ nördlicher Breite, 21° 42′ 45″ östlicher Länge liegt und 13 Seemeilen weit sichtbar ist. Das Schiff steuerte in Ansicht und Peilung des Feuers, als es um 8 Uhr 10 Minuten Morgens sehr hart aufstiess. Der Schiffer liess die Maschine sofort rückwärts gehen. Dies war aber unwirksam, das Schiff machte sofort Wasser und zwar so viel und so schnell, dass das Maschinenpersonal den Maschinenraum verlassen musste und die Feuer ausgelöscht wurden. Innerhalb 10 Minuten war das Wasser im Raum so hoch wie Aussenbords. Es wurden die Boote ausgesetzt und Nothsignal gehisst. Vom Lande aus näherten sich zwei Boote dem Schiffe. Durch diese wurde in Erfahrung gebracht, dass das in Sicht befindliche Feuer nicht Lyserort sondern Filsand sei, ein weisses festes Feuer in 58° 53′ 2″ nördlicher Breite, 21° 48′ 44″ östlicher Länge und 13 Seemeilen weit sichtbar. Der Ort in dessen Nähe das Schiff gestrandet war, heisst Harry-Laid. Der Schiffer mit einem Theile der Mannschaft ging an Land und schloss einen Vertrag auf Abbringen des Schiffes und Bergung der Ladung. Es gelang jedoch weder das Eine noch das Andere. Nachdem der Rest der Mannschaft am Nachmittage durch Rettungsboote an das Land gebracht war, sank das Schiff total und ist auf Veranlassung der Assecuradeure als Wrack öffentlich verkauft.

Ebenso wie ein Irrthum des Schiffers bezüglich desjenigen Feuers, in dessen Nähe das Schiff strandete, festgestellt ist, ebenso ist ein solcher bereits in Betreff des früheren Feuers vorhanden gewesen. Dasselbe war nicht Libau, sondern Backofen. Es ergiebt sich dies mit Evidenz aus dem nach dem Inhalte des Journals und den Angaben des Schiffers nachträglich in die Karte eingezeichneten Curse. Denn von diesem war die wirkliche Stellung des Schiffes zur Zeit der Strandung ungefähr ebensoviel nördlicher (ungefähr 48 Seemeilen), wie das Backofen-Feuer nördlich von Libau liegt (ungefähr 45 Seemeilen).

Ist hiernach als nächste Ursache des qu. Seeunfalles die Verwechselung der Feuerzeichen anzusehen, so kann dieselbe doch dem Schiffer gegenüber als entschuldbar nicht erachtet werden. Die

Mittel, sich über das Vorhandensein und die Art der Feuerzeichen bis in die neueste Zeit hinein zu unterrichten, sind Jedem geboten durch das im Buchhandel erscheinende Verzeichniss der Leuchtfeuer aller Meere und die von dem Hydrographischen Amt herausgegebenen Nachrichten für Seefahrer. Hätte p. Knochenhauer sich dieser Mittel bedient, und es war seine Pflicht, dies zu thun, dann hätte er sich auch über die Existenz des Feuers zu Backofen nicht vollständig in Unkenntniss befinden können. Statt dessen hat er sich mit den vollständig ungenügenden Informationen, die ihm der Schiffer Streeck ertheilte, begnügt und sogar geständig nicht einmal von den neuen Karten, die sich auf dem Schiffe befanden, sondern nur von der alten ganz unbrauchbaren Karte aus dem Jahre 1852 Gebrauch gemacht.

Allerdings hat auch eine westliche und nördliche Stromversetzung des Schiffes stattgefunden, dieselbe durfte ihm aber bei gehöriger Aufmerksamkeit nicht entgehen und nicht ausser Berücksichtigung bleiben. Uebrigens ist jedoch nicht durch sie allein oder auch nur hauptsächlich die grosse Abweichung der vermeintlichen von der wirklichen Stellung des Schiffes zu erklären. Die Ursache dieser ist vielmehr in einer unrichtigen Navigation zu suchen. Diese hat vor Allem in der Unrichtigkeit und Unsicherheit des Compasses ihren Grund. Es lag auf der Hand, dass durch die Lagerung einer Eisenmasse von 60 Ctr. ganz in der Nähe des Compasses eine erhebliche Abweichung der Compassnadel und eine Unruhe derselben herbeigeführt werden musste, welche in Verbindung mit den durch den schweren Seegang erzeugten Schwankungen des Schiffes einen Verlass auf den Compass überhaupt nicht mehr bot, jedenfalls die Angaben der Deviations-Tabelle nicht mehr als massgebend erscheinen liess. Nichtsdestoweniger hat der Schiffer Knochenhauer allen diesen Umständen gar keine Bedeutung beigelegt, nicht einmal eine Beachtung geschenkt. Ein fernerer Fehler in der Navigation war der, dass nicht gehörig geloggt ist. Benutzt wurde ein Patentlogg. Dasselbe war aber gefroren, mit Eis überzogen und zeigte in Folge dessen, wie der Schiffer selbst zugiebt, nicht richtig. Daher nur konnte es kommen, dass der Schiffer sich über die Strecke des zurückgelegten Weges in einem so grossen Irrthum befand, dass er ungefähr 40 Seemeilen nördlicher stand, als er glaubte. Nur durch diesen Irrthum aber wurde wiederum der Irrthum über die Feuerzeichen erst möglich.

Endlich hat der Schiffer auch noch die Vorsicht des Lothens

unterlassen. Das einmalige, übrigens noch nicht einmal zweifellos feststehende Lothen um 2 Uhr, also 6 Stunden vor dem Aufstossen des Schiffes konnte dieses vor der Strandung nicht bewahren, wohl aber hätte ein fortgesetztes Lothen die Gefährlichkeit des Ortes und die Unrichtigkeit der Annahme des Schiffers über denselben erkennen lassen und also ebenfalls die Strandung verhüten müssen.

Während hiernach dem Steuermann oder Maschinisten bestimmte Vorwürfe nicht zu machen sind, characterisirt sich das ganze Verhalten des Schiffers als ein derartig unvorsichtiges, unüberlegtes und pflichtwidriges, dass wenigstens die Ausübung des Schiffergewerbes ihm nicht ohne die höchste Gefahr für Menschenleben und Vermögen ferner gestattet werden darf, es war ihm deshalb auf Grund des Antrages des Reichscommissars in Gemässheit des §. 26 des Reichsgesetzes vom 27. Juli 1877 die Befugniss zur Ausübung des Gewerbes als Schiffer zu entziehen und nur diejenige zur Ausübung des Gewerbes als Steuermann zu belassen.

82. Spruch des Seeamts zu Stettin vom 7. April 1880, betreffend den Seeunfall der Bark „Christoph Columbus“ von Ueckermünde.

Schiff im Atlantic leck gesprungen und von der Mannschaft verlassen.

Der Spruch des Seeamts lautet:

dass der Seeunfall, welcher am 6. Februar 1880 die Bark »Christoph Columbus« (JDKC) betroffen hat, nämlich die Aufgabe desselben Seitens der Besatzung auf 30° 30′ nördlicher Breite und 79° 30′ westlicher Länge, durch das Leckspringen des Schiffes verursacht und gerechtfertigt ist.

Gründe. Das Schiff ist im Jahre 1858 von Eichenholz und Pitschpine nach Kravelart auf einer italienischen Werft gebaut, hatte ein plattes Gatt, drei Masten, war als Bark getakelt und führte keine Dampfmaschine, hatte einen Netto-Raumgehalt von 394,90 brit. Register-Tons oder 1 118,7 cbm, welcher eine Tragfähigkeit von ungefähr 528 Tons à 1000 kg repräsentiren würde (cfr. § 33 der Schiffsvermessungs-Ordnung vom 5 Juli 1872). Es fuhr früher unter italienischer Flagge. Seit dem Jahre 1873 befand es sich im Eigenthum des Rentiers Ernst Bruhns zu Elbing und seines bisherigen Führers, des Schiffers Richard Doebler aus Danzig, zu je ½, doch ist die dem Letzteren gehörige Hälfte dem Ersteren für ein Darlehn von 15000 M. verpfändet. Im Jahre 1878 ist es nach umfangreicher und gründlicher Reparatur auf der Marine-Railway zu Savannah zur Classe A auf vier Jahre von dem Germanischen Lloyd classificirt und hat sich seitdem stets dicht und fest gezeigt. Im September 1879 war es in Newport zum Reinigen des Bodens im Trockendeck. Versichert war das Schiff mit 30000 M.

Am 4. Februar 1880 verliess das Schiff mit einer einschliesslich des Schiffers aus elf Mann bestehenden Besatzung in durchaus seetüchtigem Zustande den Hafen von Doboy. Es war nach Marseille bestimmt. Seine Ladung bestand aus 670 Pitschpine-Balken, welche durchschnittlich etwa 37′ lang waren und ungefähr 14/14″ im Durchmesser hatten, ferner aus 290 Planken. 42 der leichtesten Balken befanden sich auf Deck. Die Ladung mochte ein Gewicht von im Ganzen ungefähr 550 Tons haben, sodass das Schiff nicht als überladen anzusehen war.

Bis zum Morgen des 5. Februar ging die Reise gut. Um 3 Uhr Morgens ging der Wind, welcher bis dahin westlich gewesen war, nach NOzN herum mit leichter Briese, der Himmel war sternklar, der Horizont bewölkt, um 5 Uhr wurde der Wind NO, gewöhnliche Briese, der Himmel bewölkt, um 10 Uhr Wind ONO, flatternde ungleiche Briese, Himmel bewölkt. Ober-Bramsegel fest. Mittags 1 Uhr Wind Ost, ordinäre Briese zunehmend, Himmel bewölkt. Nachmittags 4 Uhr dicker Regen, kleine Segel wurden festgemacht. 5 Uhr Wind NO zunehmend, beide Bramsegel wurden festgemacht, immer dick mit Regen, rasch zunehmender Seegang. Abends 7 Uhr fing es hart zu wehen an. Alle Segel bis auf die beiden Mars-, Vor- und Grossstagsegel wurden festgemacht. Abends 8 Uhr wurde lens gepumpt. Das Schiff arbeitete schwer, stampfte und nahm viel Wasser über. Abends 9 Uhr wehte der Wind aus NO orkanmässig bei furchtbarem Seegang von NO, das Schiff arbeitete gewaltig schwer und war beinahe beständig unter Wasser. Beide Pumpen wurden im Gange erhalten, das Vorstengestagsegel flog fort. Nachts 12 Uhr wurde auch das Vormarssegel festgemacht.

Der 6. Februar begann mit furchtbar schwerem NNO und sehr hohem Seegang, sodass sich das Schiff nicht aus dem Wasser heben konnte. Es wurde beständig mit beiden Wachen gepumpt, die Luft war dick mit Regen, das Schanzkleid an der Steuerbordseite schlug fort. Trotz beständigen Pumpens wurden um 7 Uhr Morgens 6 Fuss Wasser im Schiff gepeilt, es wurde über Backbord gehalst, das Vormarssegel gesetzt und westwärts dem Lande zu gehalten, dabei mit der ganzen Mannschaft gepumpt. Um 8 Uhr kam ein Schiff in Lee in Sicht, es war der Dampfer »Niagara«, Post- und Passagierschiff zwischen New-York und Cuba, welches auf der Reise von Havanna nach New-York war. Auf das Signal des »Christoph Columbus« kam dieses Schiff so nahe, dass durch weitere Signale mit ihm correspondirt werden konnte. Es versuchte auch ein Boot auszusetzen, das jedoch in Folge des hohen Seeganges zerschlagen wurde. Demnächst blieb es auf die Bitte des »Christoph Columbus« wenigstens in der Nähe. Die Mannschaft des Letzteren war während dessen mit Pumpen beschäftigt. Das Wasser im Schiffe nahm aber nicht ab, sondern zu. Als um 9 Uhr die Pumpen gepeilt wurden, fanden sich 8½ Fuss Wasser im Schiff. Der Versuch, das offenbar im Schiffe befindliche Leck zu entdecken, wurde zwar gemacht, aber ohne Erfolg. Das Holz im Schiffsraum hinderte jede genauere Untersuchung. Unter solchen Umständen war an eine Rettung des Schiffes nicht zu denken. Bei dem rapiden Steigen des Wassers in demselben musste es schon bis zum Abend voll Wasser sein, die Entfernung vom Lande betrug aber 80 bis 100 Seemeilen. Dabei fing der Wind an, wieder stärker zu wehen, jede See rollte über das Deck und das Schiff lag bereits zu tief, um sich heben zu können. Die einzige Möglichkeit zur Rettung von Schiff und Ladung wäre gewesen, wenn das Schiff von dem »Niagara« in das Schlepptau genommen wäre, um es nach Savannah zu tauen. Dieses Unternehmen lehnte jedoch der Schiffer des »Niagara« ab, konnte überhaupt nicht länger bleiben. Deshalb und weil das Begegnen eines anderen Schiffes, so lange der »Christoph Columbus« überhaupt noch zu halten war, nicht wahrscheinlich erschien, war es zur Rettung des Lebens der Schiffsbesatzung geboten, den »Christoph Columbus« zu verlassen und auf den »Niagara« überzugehen. Das geschah unter grossen Schwierigkeiten in dem grossen Lifeboot des »Christoph Columbus« gegen 12 Uhr als bereits 11 Fuss Wasser in demselben standen. Die Besatzung wurde auf dem »Niagara« freundlich aufgenommen und nach New-York befördert. Die Aufgabe des »Christoph Columbus« erfolgte ungefähr auf 30° 30′ nördlicher Breite und 79° 30′ westlicher Länge und ist von dem Schiffer des »Niagara« selbst als eine nothwendige bescheinigt. Zwar ist das Schiff später noch 2 Mal im Golfstrom gesehen worden, aber mit aufgebrochenem Deck und daraus emporstehenden Balken.

Das Leckspringen des Schiffes, welches in Doboy auf schlammigem Grunde gestanden hatte, also dort keine Beschädigung erhalten haben kann, lässt sich nur dadurch erklären, dass es sich in Folge seiner schweren Ladung und des schweren Arbeitens gegen Wind und Wellen gezogen hat.

Anträge auf Concessionsentziehung gegen Schiffer oder Steuermann sind seitens des Reichscommissars in Uebereinstimmung mit der Ansicht des Seeamts nicht gestellt.

83. Spruch des Seeamts zu Brake vom 17. April 1880, betreffend den Seeunfall des britischen Schooners „Thomas" aus Montrose.

Schiff in der Jademündung gestrandet und gesunken.

Der britische Schooner »Thomas«, Schiffer William Petrie, ist in der Jade am 2. November 1879 gesunken und total verloren. Nach dem Ergebniss der Untersuchung, insbesondere auf Grund der zu den Acten gelegten Verhandlungen der grossbritanischen Behörden über diesen Unfall, der Erklärungen des Schiffsführers vor dem deutschen Vice-Consulat zu Montrose, und der Aussagen der vom Seeamte vernommenen Zeugen von der Besatzung des Feuerschiffs »Reserve« (derzeit auf der Station »Minsener Sand«) ist folgender Sachverhalt festgestellt worden:

Das genannte Schiff, ein Schooner von 76 Register-Tons Ladungsfähigkeit, 58 Jahre alt, aus Montrose, hatte am 25. October 1879 North Sunderland mit einer nach Hamburg bestimmten Ladung Heringen verlassen. Am 2. November Nachmittags befand es sich ungefähr südlich von Helgoland; am Vormittage hatte es heftige Briese aus Nord und NW gehabt; Nachmittags 4 Uhr sprang der Wind plötzlich nach NOzO um. Gegen Abend wurde gehalst, und lag das Schiff bis 6½ Uhr unter dichtgerefften Segeln über Backbord; als aber dann der Wind immer heftiger und die See sehr hoch wurde, auch die Ladung losgebrochen war, beschloss Schiffer Petrie nach der Jade abzuhalten, um dort zu ankern. Um 8¼ Uhr Abends passirte er das Feuerschiff »Aussenjade«, etwa SOzO steuernd, und sprach dasselbe um einen Lootsen an; wegen der hohen See war es indessen nicht möglich, ein Boot vom Feuerschiff auszusetzen. Da man vom Feuerschiff bemerkte, dass das Schiff nicht im Fahrwasser blieb, wurden Warnungsschüsse abgegeben, und nahm der »Thomas« darauf etwas südlicheren Curs. Dann passirte er, die schwarze Tonne an der Steuerbordseite lassend, das auf der Station »Minsener Sand« liegende Feuerschiff »Reserve«, auch von diesem wurden, da das Schiff noch immer einen zu östlichen Curs hatte, Warnungsschüsse gegeben. Bald darauf, gegen 9 Uhr, als man im Begriffe stand zu ankern, gerieth es auf der Mellum-Platte OSO½O, nicht weit vom Feuerschiff, auf Grund und blieb sitzen. Wegen der schweren See war auch jetzt nicht daran zu denken, vom Feuerschiffe, von wo aus das Festgerathen beobachtet wurde, zu Hülfe zu kommen. Der Besatzung des »Thomas« gelang es mit Mühe, ihr Boot zu Wasser zu bringen, und verliess sie in diesem ihr Schiff, von welchem Nichts geborgen werden konnte.

Während das Boot vor dem Winde jadeeinwärts steuerte, wurde die Mannschaft noch in der Nacht von dem Tonnenleger »Heppens« aufgenommen und in Wilhelmshaven gelandet. Als das Schiff an Grund gerieth, war es kurz nach Eintritt der Fluth; etwa 10 Minuten später kam es wieder ab und trieb zunächst am Rande der Mellum-Platte vor dem Winde weiter, bis es in der Nähe der Tonne 8 wieder in's Fahrwasser kam, wo es dann, unzweifelhaft in Folge des erhaltenen schweren Leckes, südwestlich der Tonne 9 auf 14 Meter Wassertiefe gesunken ist.

Was nun die Ursache des vorliegenden Unfalls betrifft, so kann diese nur in dem Umstande gefunden werden, dass an Bord des »Thomas« es an einer neueren Seekarte und Segelanweisung für die Jade fehlte, aus welchem der jetzige von dem früheren abweichende Zustand der Seezeichen in der Jade zu ersehen war. Nach der ausdrücklichen Erklärung des Schiffers Petrie hat er seiner Segelanweisung folgend mit Vorbedacht die schwarzen Tonnen an der Steuerbordseite gelassen, und selbst den abgegebenen Warnungsschüssen nur so weit Folge gegeben, dass er seinen Curs östlich von den schwarzen Tonnen behielt. Hieraus folgt, dass seine Segelanweisung die frühere Betonnung der Jade enthielt, nach welcher die schwarzen Tonnen einsegelnd auf Steuerbord bleiben mussten, während bereits seit einigen Jahren die Bezeichnung des

Fahrwassers dahin geändert ist, dass die schwarzen Tonnen die östliche und rothe Tonnen die westliche Seite des Fahrwassers anzeigen. Es kann keinem Zweifel unterliegen, dass der Schiffer Petrie, falls er von der Lage der Tonnen durch eine neuere Karte oder Segelanweisung Kenntniss gehabt hätte, das Fahrwasser nicht verfehlt haben würde, zumal die Windrichtung und der einkommende Fluthstrom günstig waren.

Bei der Frage, ob das Fehlen der neuesten Hülfsmittel für die Jade dem Schiffsführer zum Vorwurf gereiche, oder als Mangel in der Ausrüstung des Schiffs zu erachten ist, muss entscheidendes Gewicht darauf gelegt werden, dass das Schiff, welches eine nur kurze Reise vorhatte, nicht nach der Jade, sondern nach der Elbe bestimmt war, und deshalb ist sie in beiden Richtungen zu verneinen. Die blosse Möglichkeit, durch Unfälle in die Jade zu gerathen, bot keine zwingende Veranlassung, auf Beschaffung der neuesten Hülfsmittel auch für dieses Revier bedacht zu sein.

Auch der Verlauf des Unfalls bietet zu Vorwürfen gegen den Schiffsführer keine Veranlassung, und ebensowenig sind Mängel in dem Fahrwasser oder der für die Schiffahrt bestimmten Hülfseinrichtungen, oder in der Handhabung dieser Einrichtungen hervorgetreten. Insbesondere hat das rasche Sinken des Schiffs bald nach dem Wiederflottwerden genügend bewiesen, dass das Veslassen seitens der Besatzung durchaus gerechtfertigt war. Von den beiden Feuerschiffen aus ist Alles geschehen, was nach Lage der Verhältnisse zur Abwendung der Gefahr möglich war.

Der Spruch des Seeamts geht dahin:

der Verlust des britischen Schiffs »Thomas« ist dadurch verursacht, dass nach einer älteren Karte bezw. Segelanweisung gesteuert wurde, welche die veränderte Betonnung der Jade nicht enthielt, und dass das Schiff so, die schwarzen Tonnen irrthümlich an der Steuerbordseite lassend, auf der Mellum-Platte an Grund gerieth und leck wurde.

Den Schiffer trifft dabei kein Verschulden.

84. Spruch des Seeamts zu Stralsund vom 17. April 1880, betreffend den Seeunfall des Schooners „Willi“ von Stralsund.

Schiff in Folge eines Lecks und Verlust des Ruders von der Besatzung im irischen Canal verlassen.

Der Spruch des Seeamts lautet:

dass der Seeunfall, durch welchen der Schooner »Willi«, Schiffer Wothke, am 15. April 1879 zwischen den Scilly-Inseln und Irland gesunken, durch das Zerbrechen des Ruders und das Aufgeben des Schiffes durch die Besatzung verursacht worden ist und dass dem Schiffer Wothke die Befugniss zur Ausübung seines Gewerbes zu entziehen.

Gründe. Am 15. April 1879 ist der Schooner »Willi«, Schiffer Wothke, mit 1 000 Quarter Weizen von Stettin nach Port Madoc befrachtet im irischen Canal auf ungefähr 50° 36′ nördlicher Breite und 7° 10′ westlicher Länge gesunken. Die aus Schiffer, Steuermann und fünf Mann bestehende Besatzung des Schiffes hat sich in dem Grossboot auf den niederländischen Schooner »Alida« geborgen und ist in Liverpool gelandet worden.

Der Schooner »Willi« zu Stralsund in den Jahren 1873/74 erbaut, hatte einen Netto-Raumgehalt von 440,3 cbm oder 155,43 Register-Tons, eine Länge von 26,50 m, eine Breite von 6,98 m und eine Tiefe von 3,32 m. Dasselbe, welches zu 28/60 Eigenthum des Schiffers war, ist zu 39 400 ℳ. beim Neuvorpommerschen Schiffs-versicherungs-Verein versichert.

Nach dem Journal und der Verklarung sowie den gerichtlichen Vernehmungen der Besatzung, ist über den Unfall Folgendes ermittelt worden:

Der Schiffer, welcher am 2. April 1879 mit dem dichten und in Allem wohlausgerüsteten Schiffe von Swinemünde in See gegangen war, hatte nach einer bis dahin glücklichen Reise am 13. Vormittags Landsend Feuer passirt, als Nachts Sturm aufkam, welcher gegen Morgen des 14. so zunahm, dass sämmtliche Segel bis auf das Untermars- und Grossstag-Segel festgemacht wurden. Das Schiff schlingerte sehr, nahm viel Wasser über und machte auch etwas Wasser. Es wurde so viel als möglich lenz gepumpt; die Pumpen brachten aber schon am Nachmittage etwas und am Abend viel Weizen heraus. Um Mitternacht — 15. April — brach beim Halsen das Ruder, während dasselbe Steuerbord gelegt wurde und gleichzeitig das Schiff hart herunter setzte. Der untere eichene Theil des Ruders vom 2. Fingerling ab, war der Länge nach abgesplittert, der unterste Fingerling auch abgebrochen. Versuche, das Ruder fest zu machen, waren ebenso erfolglos, als der Versuch mittels einer Kette das Schiff zu steuern. Das Schiff trieb steuerlos vor dem Winde, auch arbeitete das Ruder heftig gegen den Hintersteven. Da das Schiff gleichzeitig mehr Wasser machte, ohne dass ein Leck oder sonstige Beschädigung ersichtlich, so vermuthete der Schiffer, dass der Hintersteven sich begeben habe. Trotz des fortwährenden Pumpens, welches allerdings zuletzt nur mit einer Pumpe fortgesetzt werden konnte, da die andere durch Weizen unklar geworden, stieg das Wasser. Um 4 Uhr Morgens wurden 12″, um 8 Uhr 22″ und um Mittag 30″ Wasser bei den Pumpen gepeilt. Jetzt wurde mit dem Pumpen aufgehört und ein Schiffsrath gehalten, an welchem Schiffer, Steuermann und Bootsmann theilnahmen. In demselben wurde beschlossen, das Schiff zu verlassen, weil es auf die Dauer eine Unmöglichkeit sei, das Schiff über Wasser zu halten, weil das Schiff bei dem hohen Seegange und dem stürmischen Wetter mit dem beschädigten Ruder nicht zu lenken und augenblicklich Hülfe zur Rettung der Besatzung in der Nähe sei. Es wurde die Nothflagge gehisst und als in Folge dessen ein Schooner auf den »Willi« abhielt, das sehr gute Grossboot ausgesetzt. Steuermann, Bootsmann und beide Jungleute brachten zunächst die Effecten der Besatzung und etwas Proviant an Bord des hülfeleistenden Schooners — der »Alida« — und kehrten dann an Bord zurück. Es war 5 Uhr Nachmittags. Der Schiffer peilte nochmals das Wasser bei der Pumpe und fand 36″ Wasser. In einem abermals von denselben Personen abgehaltenen Schiffsrathe wurde nun beschlossen, durch Ausstossen eines Stücks der Bugpforte das Sinken des Schiffs zu befördern, um auf dieser Route der westwärts bestimmten Schiffe ein Aufsegeln anderer Schiffe während der dunklen Nacht zu verhüten. In Ausführung dieses Beschlusses schlugen Steuermann und Bootsmann in Gegenwart des Schiffers die Bugpforte ein. Nunmehr ging die Besatzung in das Grossboot und ruderte zur »Alida«. Ungefähr 5 Minuten nach Abfahrt des Bootes sank der »Willi« in die Tiefe.

Die unmittelbare Ursache des Sinkens des Schiffes ist zweifellos das vorsätzliche Einschlagen der Bugpforte. Insofern ist das Sinken des Schiffes nicht Folge eines Unfalls, sondern einer beabsichtigten, zu diesem Zwecke vorgenommenen Handlung. Die Untersuchung über den Seeunfall, welcher zu dieser vorsätzlichen Vernichtung des Schiffes Veranlassung gegeben hat, hat nun als Resultat ergeben, dass die Ursache sowohl der Beschädigung am Ruder als des Leckwerdens des Schiffes in dem schweren Wetter zu finden ist und dass der Schiffer, wenn auch nicht diesen Unfall, so doch den in Folge dieses Unfalls herbeigeführten Untergang des Schiffes verschuldet hat.

Dass eine schwere See bei dem starken Arbeiten des Schiffes das Ruder theilweise zerschlagen hat, ist erklärlich. Auch für das starke Wassermachen des Schiffes lässt sich keine andere Ursache finden, als das schwere Wetter, bei welchem das Schiff heftig schlingerte und rollte, auch viel Wasser über Deck kam. Es ist anzunehmen, dass die Beschaffenheit des Schiffskörpers gut gewesen ist, da das Schiff im Jahre zuvor in Wisby reparirt worden ist und Classe 3. 3. A. 1. erhalten hat. Es ist nicht wahrscheinlich, jedenfalls aber nicht erwiesen, dass die Undichtigkeit des Schiffes durch das Schlagen des losen Ruders gegen den Hintersteven verursacht oder auch nur vergrössert worden ist. Nach dem Journal hat das Schiff schon vor dem Zerbrechen des Ruders viel Wasser gemacht. Das Gewicht des Ruders war durch den Verlust gerade des schwersten, eichenen Theils so vermindert, dass es nicht gut denkbar ist, dass das Gegenstossen des Ruderrestes den Verband des Hinterstevens gelockert haben sollte. Das Wachsen des Wassers im Schiffsraume findet seine Erklärung in dem Unklarwerden der Pumpen. Dafür spricht auch der Umstand, dass das Wachsen des Wassers nicht stetig blieb, sondern abnahm. Während das Wasser in der Zeit von 4 bis 8 Uhr Morgens 10 " zunahm, stieg es trotz der verminderten Leistungsfähigkeit der Pumpen in den nächsten 4 Stunden nur um 8 " und in den 5 nächsten Stunden, während die Pumpen stillstanden, nur um 6 ".

Was die Verschuldung des Schiffers Wothke betrifft, so hat das Seeamt demselben zweierlei zur Last legen müssen.

1. Hat der Schiffer bei dem Ruderunfalle nicht sachgemässe und zweckdienliche Vorkehrungen getroffen, um die schweren Folgen dieses allerdings bedenklichen Unfalls abzuschwächen. Der Versuch, mit einer Kette das Ruder zu laschen, sowie das Schiff durch Ausfieren einer Kette zu steuern, ist gegen seemännischen Gebrauch und musste resultatlos verlaufen. Mit einer Trosse würde er eher zum Ziele gekommen sein.

2. Muss der Beschluss des Schiffsraths, für dessen Ausführung der Schiffer allein verantwortlich ist, — Art. 485 Allg. Deutsches Handelsges.-Buch — als ein übereilter und durch die Sachlage keineswegs gebotener erachtet werden. Das Schiff befand sich allerdings, wie nicht verkannt worden ist, wegen des zersplitterten Ruders in einer üblen Lage, aber es war weder für das Leben der Besatzung eine augenblickliche Gefahr, noch für das Aufgeben des Schiffes irgend ein triftiger Grund vorhanden. Zu der Zeit, als die Besatzung sich anschickte, das Schiff zu verlassen, kann der Sturm unmöglich mehr sehr heftig gewesen sein, jedenfalls liess das Wetter eine sichere Wiederkehr des mit Effecten und Proviant zur »Alida« entsandten Grossboots erwarten, sonst wäre es Pflicht des Schiffers gewesen, zuerst das Leben der Mannschaft zu retten und dann an die Rettung der Effecten zu denken. In der That ist die zweimalige Ueberfahrt zur »Alida« auch geglückt, und ist auch nach der ersten Ueberfahrt die Bootsbesatzung wieder an Bord des »Willi« gegangen.

Ferner war das Wachsen des Wassers im Schiffsraume nicht in dem Masse beunruhigend, dass das Sinken des Schiffes in den nächsten 24 Stunden befürchtet werden durfte. Einen Wasserzudrang von 6 " in 5 Stunden durfte der Schiffer bei regelmässiger Ablösung der Pump-Mannschaft oder durch geeignete Schöpfvorrichtungen zu bewältigen hoffen. Die Nacht war überdies zur Zeit des Unfalls nur ungefähr 6 Stunden lang, und lag die Gefahr, dass gerade während der Dunkelheit eine Katastrophe eintreten könnte, ferne.

Dann durfte der Umstand, dass gerade Schiffe in der Nähe waren, für den Schiffer nicht bestimmend sein, sich der Hülfe derselben zu versichern. Das Schiff befand sich auf einer so belebten Fahrstrasse, dass der Schiffer annehmen konnte, stündlich Schiffen zu begegnen.

Dies hat der Schiffer Wothke auch wohl erwogen, aber nicht bei Beantwortung der Frage, ob er Aussicht habe, für alle Eventualitäten das Leben seiner Mannschaft zu retten, sondern bei der Frage, wie er das Schiff am Schnellsten aus der Fahrstrasse bringe. Für alle Fälle blieb dem Schiffer das nach seiner eigenen Angabe »sehr gute« Grossboot des Schiffes.

Endlich ist das Seeamt auch der Ansicht gewesen, dass der Schiffer mit dem zur Zeit des Unfalles herrschenden NOzO Winde sehr wohl die 80 Seemeilen entfernte irländische Küste oder auch die nur 50 Seemeilen entfernten Scilly-Inseln hätte anlaufen und mit Hülfe der überall an den britischen Küsten stationirten Lootsen einen Hafen erreichen können.

Nirgends zeigt sich die zwingende Nothwendigkeit zu dem Beschlusse, das Schiff zu verlassen.

In dem ganzen Verhalten des Schiffers zeigt sich Mangel an Entschlossenheit und an der Fähigkeit, schwierige Lagen zu beherrschen. Diese Eigenschaft muss vor Allem von dem Führer eines Seeschiffes gefordert werden, und da der Schiffer Wothke bei diesem Unfalle gezeigt hat, dass er diese Eigenschaft nicht besitzt, so hat das Seeamt demselben die Befugniss zur Ausübung seines Gewerbes entzogen.

Aus Obigem ergiebt sich endlich von selbst, dass so wenig, wie zum Preisgeben des Schiffes, zum Einschlagen der Bugpforte ein zwingender Grund vorlag. Demnach hat das Seeamt, wie geschehen, den Spruch gefällt.

85. Spruch des Seeamts zu Stralsund vom 17. April 1880, betreffend den Seeunfall der Bark „Maria Wilhelmine" von Barth.

Schiff in der Tajomündung gestrandet und wrack geworden sechs Personen der Besatzung ertrunken.

Der Spruch des Seeamts lautet:

dass der Unfall, durch welchen die Bark »Maria Wilhelmine«, Schiffer Scheel, am 15. Februar 1880 bei der Einfahrt in den Tajo südlich Medao Point gestrandet und zerschellt ist, durch das unsichtige Wetter und die dadurch veranlasste falsche Schätzung des Abstandes vom Lande verursacht worden ist.

Gründe Die im Jahre 1861 in Sunderland erbaute, dem Schiffskapitain Friedrich Wilhelm Scheel zu Michaelsdorf zu $^{56}/_{60}$ gehörige und von diesem geführte Bark »Maria Wilhelmine« von Barth — JPKN —, vermessen zu 328,29 britischen Register-Tons

Ladungsfähigkeit, ist auf der Reise von Liverpool nach Baltimore am 15. Februar 1880 südlich von der Barre von Lissabon gestrandet und total wrack geworden. Der Schiffer und 5 Personen der Schiffsmannschaft, darunter der Steuermann, sind ertrunken, die übrigen 4 Schiffsleute haben sich durch Schwimmen gerettet bezw. sind auf Schiffstrümmern ans Land getrieben.

Aus der von den überlebenden 4 Schiffsleuten am 17. Februar 1880 vor dem Kaiserlich deutschen Consul in Lissabon eidlich abgelegten Verklarung und aus der eidlichen Aussage des Schiffszimmermannes Brandt ist über die Reise und den Unfall Folgendes festgestellt:

Die »Maria Wilhelmine« ist am 21. Januar 1880 mit einer Ladung Salz von Liverpool in See gegangen. Am 8. Februar wurden durch einen Orkan beide Schiffsboote und die Schanzkleidung der einen Seite weggeschlagen. Auf Andringen der Matrosen beschloss der Schiffer nach Lissabon als Nothhafen abzuhalten. Am 12. Abends kam das Feuer auf den Berlangos in Sicht. Bis am 14. Abends wurde an der portugiesischen Küste gekreuzt. Dann kamen die beiden Feuer an der Tajo-Mündung in Sicht. Es war helles Wetter und der Schiffer wartete den Tag ab, um in den Hafen einzulaufen.

Gegen Tagesanbruch wurde der Wind heftiger, das Wetter regnerisch und nebelig, so dass der Schiffer die Einfahrt in den Hafen allein nicht wagen konnte. Da auf Hissen der Lootsenflagge kein Lootse erschien, so hielt der Schiffer wieder ab, bis er den Thurm von Cap Rocca voraus in Sicht bekam. Der Schiffer glaubte nun vom Lande nicht wieder klar kommen zu können und die Einfahrt in den Hafen allein versuchen zu müssen und hielt nach Land zu vor dem Winde ab. Als der Schiffer plötzlich Land vor sich bemerkte und über Stag gehen wollte, war es zu spät. Es blieb nichts übrig, als mit dem vollen Winde soweit wie möglich auf Strand zu gehen. Als das Schiff durchstiess, sprangen die Matrosen Cippers und Ryan über Bord und schwammen an Land, der Zimmermann Brandt und der Schiffsjunge Christoffsen liessen sich auf Schiffstrümmern an Land treiben.

Der Steuermann Schultz, welcher ebenfalls mit einer Planke über Bord gesprungen, wurde vom Strudel in die Tiefe gerissen. Der Schiffer und die übrige Mannschaft hielten sich in den Wanten des Schiffes, bis dasselbe durch den Sturm und die steigende Fluth, in Trümmer geschlagen wurde. Nur wenige an den Strand getriebene Sachen sind vom Schiffe gerettet.

Die Ursache des Unfalls ist lediglich auf das nebelige und ungünstige Wetter zurückzuführen, welches dem Schiffer hinderte, die Einfahrt zu erkennen und die Distanz des in Sicht befindlichen Landes richtig zu schätzen. Es ist wahrscheinlich, dass der Schiffer beim Abhalten auf die Einfahrt das nördliche hoche Ufer zu nahe geschätzt hat, dadurch zu weit südlich gekommen und, da er das flache südliche Ufer-Medao Point wegen des nebeligen Wetters nicht unterscheiden konnte, gerade auf dasselbe losgesegelt ist. Als der die Einfahrt im Süden markirende Thurm von Bugio an Backbordseite in Sicht kam, war es zu spät, um vom Lande freizukommen; es blieb nichts übrig, als vor dem Wind soweit wie möglich auf den Strand zu laufen. Die steigende Fluth beschleunigte die Zertrümmerung des Schiffes und hinderte das Rettungswerk vom Lande.

86. Spruch des Seeamts zu Rostock vom 17. April 1880, betreffend den Seeunfall der Schoonerbrigg „Ferdinand Holdinghausen“ von Rostock.

Schiff im englischen Canal mit einem anderen Segelschiff zusammengestossen und gesunken.

Der Spruch des Seeamts lautet:

I. dass der am 25. April 1879 Abends im Kanal unweit Dover erfolgte Zusammenstoss der Schoonerbrigg »Ferdinand Holdinghausen« mit der norwegischen Bark »Rolf«, welcher das demnächstige Sinken der Schoonerbrigg zur Folge hatte und bei welchem der Führer der letzteren, Schiffer Schoof, den Tod in den Wellen fand, dem Umstande beizumessen ist, dass man auf der Bark den Vorschriften des Artikels 12 der Kaiserlichen Verordnung zur Verhütung des Zusammenstosses der Schiffe auf See vom 23. December 1871 zuwider handelte, und

II. dass niemanden von der Besatzung der Schoonerbrigg eine Mitschuld an dem Unfall trifft.

Entscheidungsgründe. I. Die 1874 zu Ribnitz aus Eichenholz kupferfest erbaute, zu 230,36 Register-Tons vermessene und von Schiffer Schoof aus Ribnitz geführte Rostocker Schoonerbrigg »Ferdinand Holdinghausen«, Unterscheidungs-Signal MCWL, ging am 14. Februar 1879 aus Aux Cayes an der Südwestküste Haïtis mit einer nach Rotterdam bestimmten Ladung Blauholz in See. Ihre Besatzung bestand mit Einschluss des Schiffers aus 8 Personen, und soweit ermittelt worden, war sie mit allem Erforderlichen für die Reise ausgerüstet.

II. Nach den Angaben des Steuermanns Dabis, des Zimmermanns Hamann, der Matrosen Sodemann und Niemann, sowie des Lootsen Postumus zum notariellen Verklarungs-Protokoll d. d. Dover, 26. April 1879 und den damit übereinstimmenden beeidigten Aussagen der 3 ersteren Personen vor dem hiesigen Seeamte verlief die Reise bis zum Abend des 25. April ohne bemerkenswerthe Begebenheiten. Damals befand sich die Schoonerbrigg etwa um 8 Uhr im Canal, und ward South Foreland Feuer in NOzN, Dungeness in WzN gepeilt. Die Seitenlaternen brannten hell, der Wind wehte mit frischer Briese aus SSO und die Schoonerbrigg verfolgte den Curs O½N, die Feuer von Dungeness, South Foreland und Cap Griz Nez in Sicht. Ein Lootse für Rotterdam, Namens Postumus, war bereits um 5 Uhr Nachmittags an Bord gekommen. Um 10½ Uhr Abends ward es dick mit Regen, South Foreland Feuer wurde jedoch noch N½O in 5 Seemeilen Abstand gesichtet. Der Steuermann hatte mit dem Zimmermann Hamann und den Matrosen Niemann und Sodemann die Wache. Der Schiffer und der Lootse waren in der Koje. Weil das Wetter unsichtiger geworden war, weckte der Steuermann beide, welche auch sofort an Deck kamen und dort blieben. Etwa um 11 Uhr Abends tauchte plötzlich 2—3 Striche an Backbord voraus ein grünes Licht auf, welches sich grade auf die Schoonerbrigg zu bewegte. Da die letztere am Winde segelte, so befahl der Schiffer, den bisherigen Curs festzuhalten; als aber das fremde Schiff so nahe gekommen war, dass man bereits dessen Segel erkennen konnte, commandirte er: Luv hart an! Backbord das Ruder! Das Commando ward sofort ausgeführt, die Schoonerbrigg schoss in den Wind, dass die Segel back schlugen, aber unmittelbar darauf erfolgte die Collision. Von dem Moment an, wo man von der Schoonerbrigg aus das grüne Licht zuerst bemerkt hatte, waren etwa 5 Minuten verflossen. Das fremde Schiff, die norwegische Bark »Rolf«, Schiffer Swensen, hatte zuletzt auch noch aufgeluvt und traf nun mit ihrem Vordersteven die Schoonerbrigg an Backbordbug bei den Fockwanten in voller Fahrt. Fockmast und Grossstenge der letzteren brachen sofort und fielen nach Steuerbord über. Die Schoonerbrigg selbst war von der Bark durch den Wind geschoben und lag nun an deren Steuerbordseite. Da der Zusammenstoss ein überaus heftiger gewesen und der »Rolf« ein grosses Schiff von etwa 1000 Tons war, so befürchtete die Besatzung derselben deren alsbaldiges Sinken und versuchte daher, sich auf die Bark zu retten. Dies gelang denn auch, trotzdem die in Ballast gehende Bark die Schoonerbrigg hoch überragte, allen bis auf den Schiffer, welcher, vermuthlich weil er, an Astma leidend, sehr dick bekleidet war und an den Füssen Holzschuhe trug, beim Erklimmen der Fockrüst der Bark ausglitt und zwischen beide Schiffe in die See fiel. Von dort hörte man ihn um Hülfe rufen und warf ihm von der Bark aus ein Tauende zu. Er erfasste dasselbe auch, als man ihn aber aufziehen wollte, liess er los und versank. Steuermann Dabis begab sich wieder auf die bereits sinkende Schoonerbrigg hinüber, um ihn, wenn er an die Oberfläche kommen sollte, zu ergreifen und empor zu ziehen. Er kam aber nicht wieder zum Vorschein.

Steuermann Dabis begab sich sodann an die Stelle, wo die Schoonerbrigg gerammt war, um sich von der ihr zugefügten Beschädigung zu überzeugen. Er fand dort die Schanzverkleidung fortgerissen und bis auf den Wasserspiegel alles zertrümmert. Es gelang ihm noch, das Schiffsjournal zu bergen: dann musste er eilen, an Bord der Bark zurück zu kommen, und einige Minuten darauf versank die Schoonerbrigg. Am andern Tage landete Schiffer Swensen die Mannschaft des »Ferdinand Holdinghausen« auf ausdrückliches Verlangen des Steuermanns Dabis in Dover, wo der letztere, wiewohl vergeblich, bemüht war, die Bark unter Arrest zu bringen.

III. Eine eingehendere Vernehmung der Besatzung des »Rolf« über den Zusammenstoss und dessen Ursachen herbei zu führen, ist allen Bemühungen ungeachtet nicht gelungen, und so sieht sich das Seeamt in dieser Beziehung auf die kurzen Angaben beschränkt, welche Schiffer Swensen am Tage nach der Collision vor dem Strandbeamten zu Dover gemacht hat. Darnach hat man die Farbe des der Bark zugewandten rothen Seitenlichtes der Schoonerbrigg erst etwa 1 Minute vor der Collision erkannt, sodann aber das Ruder nach Steuerbord übergelegt, und war der Curs, welchen die Bark vor dem Zusammenstoss verfolgte, WSW bei südlichem Winde.

IV. Nach den Aufzeichnungen des Hafenmeisters in Dover wehte dort der Wind am 25. April 1879 Abends 11½ Uhr aus SW, während derselbe, wie oben angeführt worden, nach den Aussagen der Besatzung des »Ferdinand Holdinghausen« auf See, am Orte und zur Zeit der Katastrophe aus SSO und nach Angabe des Schiffers Swensen vom »Rolf« aus Süd gekommen seiu soll. Eine Hebung dieser Abstimmigkeit ist nicht zu erreichen gewesen. Es sind daher die beeidigten und mit einander übereinstimmenden Depositionen der zur Besatzung der Brigg gehörigen Personen auch in dieser Beziehung als wahr und den Thatbestand beweisend angenommen worden.

V. Auf Grund des Vorstehenden hat das Seeamt für thatsächlich festgestellt erachten müssen;

1. dass der Wind zur Zeit des Zusammenstosses aus SSO wehte,
2. dass die Schoonerbrigg mit O½N Curs und etwa 6 Strich dicht am Winde segelte, während die Bark mit dem Wind etwa 8 Strich an Backbord den Curs WSW verfolgte, also den Wind raum hatte,
3. dass die Seitenlichter beider Schiffe hell brannten,
4. dass man auf der Schoonerbrigg den ursprünglichen Curs bis unmittelbar vor der Collision festhielt und erst dann das Ruder nach Backbord legte, als die letztere nicht mehr zu vermeiden war, und
5. dass die Bark mit ihrem Vordersteven die Schoonerbrigg an Backbordsbug rammte und die letztere etwa 20 Minuten nach dem Zusammenstoss sank.

VI. Auf den vorliegenden Fall findet nun, was zunächst die Ursache der Collision anlangt, der Absatz 1 des Artikels 12 der Kaiserlichen Verordnung zur Verhütung des Zusammenstosses der Schiffe auf See vom 23. December 1871 Anwendung, welcher folgendermassen lautet:

Haben zwei Segelschiffe, deren Curse sich so kreuzen, dass Gefahr des Zusammenstossens entsteht, den Wind von verschiedenen Seiten, so muss das Schiff, welches den Wind von Backbord hat, dem Schiffe welches den Wind von Steuerbord hat, aus dem Wege gehen. Nur in dem Falle, wenn das Schiff mit backbord Halsen dicht am Winde liegt und das andere Schiff den Wind raum hat, muss das letztere aus dem Wege gehen.

Denn die Vorschrift des Artikels 11 der citirten Verordnung, wonach, wenn sich zwei Segelschiffe in gerader oder beinahe gerade entgegengesetzter Richtung einander nähern, die Ruder beider Schiffe Backbord gelegt werden müssen, damit sie einander an Backbordseite passiren, soll nach Artikel 13a Abs. 2. 3 nur dann normiren, wenn bei Nacht jedes der beiden Schiffe sich in solcher Stellung befindet, dass es beide Seitenlichter des anderen Schiffes erblicken kann, nicht aber auch dann, wenn ein grünes Licht ohne ein rothes voraus in Sicht ist, wie es hier der Fall war.

Hatte nun die Schoonerbrigg den Wind von Steuerbord und die Bark von Backbord, so kann es um so weniger einem Zweifel unterliegen, dass nach Artikel 12 Abs. 1 die letztere aus dem Wege gehen und in Beihalt des Artikels 18 der allegirten Verordnung die Schoonerbrigg ihren Curs festhalten musste, als nicht die Bark, sondern die Brigg dicht am Winde lag und somit die erstere den Wind raum hatte. Schiffer Schoof handelte also vollkommen den gesetzlichen Vorschriften gemäss, wenn er anfänglich seinen Curs beibehielt und erst, als das fremde Schiff bereits ganz nahe war, das Ruder Backbord legen liess, um nach Steuerbord aufzuluven. Konnte gleich diese letztere Massregel den Zusammenstoss nicht mehr verhindern, so würde sie doch dazu beigetragen haben, denselben in seinen verderblichen Folgen für die Brigg abzuschwächen, wenn man nicht, was nicht vorauszusehen war, auf der Bark das Ruder anstatt ebenfalls nach Backbord vielmehr nach Steuerbord übergelegt hätte.

Die Bark hatte nach Artikel 12 der mehr erwähnten Kaiserlichen Verordnung auszuweichen und sie konnte dies nach der gegenseitigen Stellung beider Schiffe mit aller Sicherheit thun, wenn sie ihr Ruder nach Backbord legen liess, aber auch nur dann, während es umgekehrt bei Steuerbordruder mit Nothwendigkeit zu einem Zusammenstoss kommen musste. That sie letzteres gleichwohl, so trifft ihre Besatzung resp. denjenigen, welcher um jene Zeit an Deck das Commando hatte, die volle und alleinige Schuld an der Collision. Auf welche besonderen Umstände diese Schuld zurückzuführen ist, insbesondere ob darauf, dass man auf der Bark, wie Schiffer Swensen behauptet, die Farbe des rothen Lichtes der Brigg zu spät erkannte, oder etwa darauf, dass man überhaupt nicht ordentlich Ausguck gehalten hatte, das entzieht sich, da die Untersuchung in dieser Beziehung keine Klarheit zu schaffen vermocht hat, der Beurtheilung des Seeamts.

VII. Dass die Besatzung der Schoonerbrigg alsbald nach erfolgtem Zusammenstoss diese verliess und auf die Bark überkletterte, ohne sich zuvor von dem Umfang der ihrem Schiffe zugefügten Beschädigung überzeugt zu haben, kann in Erwägung der obwaltenden Umstände nicht getadelt werden. Die Bark, ein grosses Schiff von etwa 1000 Tons, welche, weil sie in Ballast ging, die Schoonerbrigg hoch überragte, hatte die letztere in voller Fahrt mit dem Vordersteven am Backbordsbug angerannt. Die Beschädigung musste daher nothwendig eine erhebliche sein, zumal der Anprall ein so heftiger gewesen, dass Fockmast und Grossstenge gebrochen und über Bord gefallen waren. Da lag denn die durch den Erfolg gerechtfertigte Befürchtung, dass die Brigg schnell sinken werde, allerdings sehr nahe und deren Besatzung folgte lediglich dem Gebote der Selbsterhaltung, wenn sie ohne Säumen versuchte, sich auf die Bark zu retten, ehe noch beide, damals Seite an Seite liegende Schiffe sich wieder von einander getrennt hatten.

Auch bezüglich des Todes des Schiffers Schoof ist der Besatzung der Brigg keinerlei Verschulden beizumessen. Er hatte unmittelbar nach der Collision und ehe sich noch die Mannschaft von dem ersten Schreck erholt hatte, sofort den Versuch gemacht, auf die Bark überzusteigen. Man hatte ihm also keine Hülfe dabei leisten können, deren er bei seinem leidenden Zustande und bei der Art seiner Bekleidung zweifelsohne bedurft hätte. Als er dann in das Wasser gefallen war, warf man ihm von der Bark aus ein Tauende hin und als er dasselbe, nachdem er es erfasst hatte, wieder los lies, sprang Steuermann Dabis auf die bereits tief im Wasser liegende Brigg zurück, um ihn, wenn er an die Oberfläche kommen sollte, empor zu ziehen. Mehr konnte nicht füglich zu seiner Rettung geschehen, insbesondere wäre es in der finstern Nacht und bei der hochgehenden See unmöglich gewesen, ein Boot zu Wasser zu bringen, mit welchem man ohnehin zwischen die beiden neben einander liegenden Schiffe nicht hätte gelangen können.

VIII. Was insbesondere das Verhalten des Steuermannes Dabis betrifft, so muss dasselbe in jeder Beziehung als ein durchaus correctes bezeichnet werden. Als vor der Collision das Wetter unsichtiger geworden war, rief er den Schiffer an Deck, welcher nunmehr selbst das Commando übernahm. Nach der Collision betrieb er zunächst mit vieler Umsicht die Rettung des Letzteren. Dann untersuchte er die Beschädigungen, welche die Schoonerbrigg erlitten, barg, als er die Ueberzeugung gewonnen hatte, dass dieselbe verloren sei, noch das Schiffsjournal und nun erst verliess er das schon sinkende Fahrzeug. Den Führer des »Rolf« aber bestimmte er, Dover anzulaufen, um dort das Interesse seiner Rhederei nach Kräften wahrzunehmen. Giebt endlich das sauber und mit grossem Fleiss von ihm geführte Schiffsjournal zu keinen Ausstellungen Anlass, so kann das Seeamt nicht umhin, die von ihm bewiesene Pflichttreue und Besonnenheit lobend anzuerkennen.

87. Spruch des Seeamts zu Hamburg vom 22. April 1880, betreffend den Zusammenstoss des Schraubendampfschiffes „Alster" von Hamburg und des Finkenwärder Fischerewers Nr. 8.

Der Fischerewer wurde stark beschädigt und sank sofort.

Das zu 1633 cbm oder 576,73 Register-Tons netto vermessene eiserne Schraubendampfschiff »Alster«, Heimathshafen Hamburg, geführt vom Schiffer J. A. Klaassen, ist am 15. Februar 1880 ungefähr um 12½ Uhr Nachmittags auf der Unterelbe zwischen dem 3. und 2. Feuerschiff mit dem in das Schiffsregister nicht eingetragenen in hamburgisch Finkenwärder zu Hause gehörigen Fischerewer Nr. 8 »Magaretha«, Schiffer Peters, zusammengestossen. Durch diesen Zusammenstoss wurde der Ewer an Steuerbordseite dicht vor dem Fockwant von oben bis unten durchschnitten, derselbe lief sofort voll Wasser und legte sich wenige Minuten nach dem Zusammenstoss platt auf Seite, so dass die aus dem Schiffer, einem Bestmann und einem Jungen bestehende Besatzung des Ewers nur eben Zeit hatte, sich vermöge vom Bug der »Alster« zu ihrer Hülfe herabgelassener Taue auf den Dampfer zu retten. Der Ewer ist erst mehrere Tage später von anderen Fischerewern in total wrackem Zustande geborgen worden. Die »Alster« dagegen hatte keine Beschädigung erlitten und konnte, nachdem sie noch mehrere Stunden an der Stelle der Collision geblieben war und nach Rettung der Mannschaft auch noch den, wenn auch vergeblichen Versuch gemacht hatte, vermöge eines ausgesetzten Bootes auch das gekenterte Fahrzeug zu bergen und dann die Mannschaft des Ewers in Cuxhaven gelandet hatte, noch am selbigen Tage ihre Reise nach Blyth fortsetzen.

Ueber diesen Unfall ist abseiten des Seeamts eine eingehende Untersuchung geführt worden, in deren Verlauf nicht nur die Besatzungen der beiden betheiligten Fahrzenge — die der »Alster« im wesentlichen unter Beschränkung auf die über den Sachverhalt aus eigener Anschauung orientirten Mitglieder der Decksmannschaft — sowie der Lootse der »Alster«, sondern auch dritte Personen vernommen worden sind, welche den Hergang von in der Nähe der Collision befindlich gewesenen Fahrzeugen aus beobachtet haben. Ausserdem hat das Seeamt den beschädigten Ewer einer Besichtigung unterzogen.

Die auf Seiten der »Alster« gegebene Darstellung des Unfalls ist die Folgende:

Es war Wache des ersten Steuermanns, doch hatte der Patentlootse Dölling, welcher beim zweiten Feuerschiff abgesetzt werden sollte, noch das Commando. Der Lootse und beide Steuerleute befanden sich auf der Commandobrücke. Schiffer Klaassen war zum Essen in die Kajüte gegangen. Man hielt recht das Fahrwasser der Elbe und steuerte NW$^1/_2$W Curs. Der Wind war lebhaft aus SOzS. Es war ungefähr halbe Fluth. Als man sich in Sicht des 2. Feuerschiffs in etwa zwei Seemeilen Abstand von demselben befand, wurde man zwei die Elbe aufkreuzende Fischerewer gewahr, von denen der eine, die in der Folge übergesegelte »Magaretha« mit Steuerbord Halsen von dem Süd- nach dem Nordufer hinüberlag, der andere, dessen Farbe man auf der »Alster« für grün gehalten haben will, mit Backbord Halsen nach dem Südufer zu segelte. Lootse Dölling, welcher bekundet, die »Magaretha« bei, resp. gleich nach ihrem letzten Ueberstaggehen am Südufer 3—4 Strich voraus an Backbord gesehen zu haben, will dann zunächst auf die Annäherung dieses Fahrzeuges nicht weiter geachtet haben, angeblich aus dem Grunde, weil er überzeugt gewesen sei, dass die »Magaretha« auf ihrem Gange nach der Nordseite zu, hinter der »Alster« herum, von der letzteren freigehen werde. Er habe sein Augenmerk vielmehr vorzugsweise auf den an Steuerbord der »Alster« befindlichen, mit Backbord Halsen segelnden Ewer gerichtet, weil dieser anscheinend mehr quer im Fahrwasser gelegen, auch der »Alster« näher zu sein geschienen habe, und habe er, als er diesen Ewer ungefähr 3—4 Strich über Steuerbord gesehen habe, das Ruder der »Alster« Backbord legen lassen, um hinter dem letztgedachten Ewer herumzugehen.

Nachdem die »Alster« ungefähr zwei Strich nach Steuerbord abgefallen sei, habe er das Ruder zunächst stützen lassen, da die bewirkte Drehung genügt habe, um hinter dem mit Backbord Halsen segelnden Ewer freizugehen. Auf die »Magaretha« scheint Lootse Dölling erst wieder dadurch aufmerksam geworden zu sein, dass der erste Steuermann ihn, wie letzterer selbst bekundet hat, durch die Worte, »der Ewer hält gerade auf uns zu und wird vor unsern Bug kommen«, auf die gefahrdrohende Annäherung dieses Ewers hinwies, Dölling hat dann und zwar in einem Augenblick, als er, wie er selbst bezeugt, die Collision schon für unvermeidlich halten musste, das Ruder hart Backbord legen lassen, indem er zugleich ein Signal mit der Dampfpfeife gab und dem Ewer zurief, er möge durchdrehen. Der Abstand desselben von der »Alster« wird aber in diesem Zeitpunkt von Dölling selbst auf nur noch 40 m geschätzt. Dölling bekundet dann ferner noch, wie er wahrgenommen habe, dass der Mann am Ruder des Ewers, statt seinen Zuruf zu befolgen und das Ruder in Lee zu legen, dasselbe nach Backbord hinübergedrängt habe. Dass der Ewer schon vorher vom Winde abgehalten habe, will Dölling nicht bemerkt haben; er habe nur gesehen, dass die Segel des Ewers gut voll lagen.

Die Aussage des Lootsen findet ihre Ergänzung in dem Zeugniss des Schiffers Klaassen und der beiden Steuerleute der »Alster«. Ersterer, welcher erst wenige Minuten in der Kajüte gewesen sein will, als er die Dampfpfeife hörte, lief auf dieses Warnungszeichen sofort auf die Brücke und will dann die »Magaretha« ungefähr 3 Strich über Backbordbug in einem Abstande von etwa 150 Fuss, mit raumem Winde segelnd, erblickt haben. Die »Alster« habe damals, wie er solches selbst am Steuercompass abgelesen habe, NzW angelegen. Er habe dann sofort die Maschine mit voller Kraft rückwärts beordert, ohne jedoch dadurch den Zusammenstoss noch verhüten zu können.

Der zweite Steuermann der »Alster« hat ein Abhalten der »Magaretha« vom Winde, ebenso wie der Lootse, erst in den letzten Augenblicken vor der Collision bemerkt, während der erste Steuermann Binge sich mit Bestimmtheit dahin ausspricht, dass die »Magaretha«, welche er noch 5 Minuten nach ihrem letzten Ueberstaggehen dicht am Winde liegend und damals 6 Strich über Backbord gesehen habe, während der letzten 2 bis 3 Minuten vor der Collision und zwar ungefähr von der Zeit an, wo auf der »Alster« des anderen Ewers halber das Ruder Backbord gelegt worden sei, vom Winde abgehalten habe und in Folge dessen mit grosser Geschwindigkeit der »Alster« vor den Bug gelaufen sei. Hervorzuheben bleibt noch, dass sich nach der Darstellung auf Seiten der »Alster« der Zusammenstoss näher der Linie der weissen als der der schwarzen Tonnen ereignet und dass der andere mit Backbord Halsen nach der Südseite zu segelnde Ewer im Augenblick der Collision der »Alster« mit der »Magaretha« den Bug der ersteren passirt haben soll und zwar in einem Abstande, welchen Lootse Dölling auf 2 bis 3 Schiffslängen, Schiffer Klaassen gar nur auf ungefähr 300 Fuss schätzt.

Die Ursache der Collision wird auf Seiten der »Alster« darin gefunden, dass die »Magaretha« vom Winde abgehalten habe, indem ohne diese Cursänderung der »Magaretha« der Curs der »Alster« in genügendem Abstand vor der »Magaretha« vorübergeführt haben würde. Mit Steuerbordruder hinter der »Magaretha« herum zu gehen, sei hiernach, da die Curse beider Fahrzeuge schon an sich von einander freigehen mussten, in Rücksicht auf die »Magaretha« nicht geboten gewesen. Ein solches Manöver habe aber auch um deswillen unzulässig erscheinen müssen, weil man dadurch in die Gefahr gerathen sein würde, mit dem von der Nord- nach der Südseite zu kreuzenden Ewer in Collision zu gerathen. Um diesen vor der »Alster« frei passiren zu lassen, habe man im Gegentheil das Ruder Backbord legen müssen.

Dieser Darstellung stehen zunächst die Aussagen der Besatzung des übergesegelten Fahrzeuges in sofern entgegen, als sowohl der Bestmann wie der Junge der »Magaretha« — welche beide schon seit dem am Morgen desselben Tages um 10 Uhr mit einsetzender Fluth erfolgten Verlassen ihres Ankerplatzes in der Nähe des 1. Feuerschiffes, jedenfalls aber und zwar ununterbrochen auf dem letzten Gange des Ewers an Deck desselben und zwar Wegener am Ruder, Pauli auf diesem letzten Gange an Steuerbord-(Luv-)Seite ungefähr mitschiffs gewesen sein wollen — übereinstimmend bekunden, die »Magaretha« sei von ihrer letzten, nahe den schwarzen Tonnen erfolgten Wendung bis zur Collision fortwährend am Winde gehalten worden und habe im Augenblick der Collision ONO angelegen. Nur hat Wegener seine Aussage in seiner letzten Vernehmung in soweit modificirt, als er während der ersten Zeit nach dem Ueberstaggehen — etwa 5 Minuten lang — den Ewer noch etwas höher gehalten habe. In den letzten Minuten vor der Collision habe er um deswillen etwas, aber nur etwa $^1/_2$ Strich, voller gehalten, weil er von der Ansicht ausgegangen sei. die »Alster« habe die Absicht, hinter der »Magaretha« herumzugehen und weil er dadurch dem Ever mehr Fahrt habe geben wollen, um so rascher und sicherer vor der »Alster« vorüber zu kommen. Wegener und Pauli bezeugen übereinstimmend, dass es anfänglich so ausgesehen habe, als wolle die »Alster« hinter der »Magaretha« herumgehen. Als sie pötzlich die Drehung der »Alster« nach ihrer Steuerbordseite zu wahrgenommen und dann auch deren Dampfpfeife gehört hätten, sei die »Magaretha« schon zu nahe auf die »Alster« eingelaufen gewesen, um es noch möglich erscheinen zu lassen, dieselbe über Stag zu bringen und sei nichts übrig geblieben, als den Ever unverändert Curs halten zu lassen. Ein Zuruf von Bord der »Alster«, dass man wenden möge, wollen die beiden Leute nicht gehört haben. Schiffer Peters, welcher krank in seiner Koje lag und sich erst nach dem Zusammenstoss an Deck und ins Want flüchtete, hat nur zu bezeugen vermocht, dass er die Dampfpfeife erst ganz kurz wenige Secunden vor der Collision gehört habe und dass seine beiden Leute ihm übereinstimmend versichert hätten, der Ever sei bis zur Collision unverändert am Winde gesegelt.

Es kann nun nicht zweifelhaft erscheinen, dass im vorliegenden Falle die Art. 15 und 18 der Verordnung zur Verhütung des Zusammenstossens der Schiffe auf See vom 23. December 1871 die Richtschnur für die beiden in Collision gerathenen Fahrzeuge zu bilden hatten. Nach diesen Vorschriften hatte die »Alster«, als das Dampfschiff, dem Ever, einem Segelfahrzeuge, aus dem Wege zu gehen und das letztere hatte seinen Curs zu halten.

Es ist also zunächst auf Grund der beiderseitigen Aussagen der betheiligten Schiffsmannschaften im Zusammenhalt mit dem sonst zu den Akten gelangten Beweismaterial zu prüfen, ob in der That die »Magaretha« der Vorschrift des Art. 18 genügt hat. Von wesentlicher Bedeutung muss in dieser Beziehung das Resultat der Besichtigung des beschädigten Fahrzeuges sein. Diese vom Seeamte vorgenommene Besichtigung hat ergeben, dass der Ever an Steuerbordseite vor dem Vorlukbalken getroffen worden ist, dass dieser Vorlukbalken einen doppelten Bruch erlitten hat und dass der nach dem Hintertheil des Evers ausgeübte Druck auch noch den zunächst hinter dem Vorlukbalken gelegenen Balken, an welchen der Vorlukbalken jetzt hart herangepresst liegt, zum Brechen gebracht hat, während der nach vorne zu zunächst vor der Vorluke gelegene Decksbalken völlig unversehrt geblieben ist. Die besonders deutlich an den Decksplanken ersichtliche Form des Einschnitts zeigt in der Richtung von Aussenbords an Steuerbordseite nach Mitschiffs nach hinten zu und erstreckt sich von der Stelle eben vor dem Fockwant bis nahe an die Vorluke. Auf Grund dieses Thatbestandes ist das Seeamt zu der Schlussfolgerung gelangt, dass der Stoss der »Alster« gegen die »Magaretha« von vorne oder doch keinenfalls hinterlicher als querab erfolgt sein muss; mit anderen Worten, der durch Linien in der Kielrichtung der beiden Fahrzeuge, gezogen vom Heck der Schiffe bis zum gemeinsamen Schneidepunkte dieser Linien gebildete Stosswinkel kann unter keinen Umständen kleiner als ein rechter gewesen sein. Berücksichtigt man nun, dass die »Alster« im Augenblick des Zusammenstosses von NW½W bis NzW, also um reichlich 3 Strich, abgefallen war, so muss der Ever, wenn man selbst den Stosswinkel auf dass kleinste, nach dem Ergebniss der Besichtigung mögliche Maass, nämlich 90° annehmen will, noch im Augenblick des Zusammenstosses OzN, also bei Südostwind 5 Strich, bei SOzS Wind 6 Strich am Winde gelegen haben. Wenn der Bestmann des Evers den Curs im Augenblick der Collision auf ONO, also auf etwas niedriger angegeben hat, als die »Magaretha« damals anliegen konnte, so verträgt sich diese Angabe mit dem Resultate der Besichtigung nur unter der Voraussetzung, dass die »Alster« ihrerseits damals noch ungefähr um ein gleiches Maass höher angelegen haben muss, als NzW, da sonst der Stosswinkel der beiden Schiffe ein kleinerer als 90° werden würde, was gezeigtermassen nach Massgabe der Besichtigung nicht der Fall gewesen sein kann.

Es kann des Weiteren nicht unbeachtet bleiben, dass die Angabe des Lootsen Dölling, dass der Stosswinkel ungefähr 80° betragen habe, den vom Bestmann der »Magaretha« für den Augenblick der Collision bezeichneten Curs dieses Fahrzeuges, ONO, unter Zugrundelegung eines gleichzeitigen NzW Curses der »Alster« fast genau richtig erscheinen lässt.

Ergiebt sich somit die Annahme, dass die »Magaretha« auch im Augenblick der Collision dicht am Winde gesegelt habe, schon nach den eigenen Aussagen der betheiligten Personen im Zusammenhalt mit dem Resultat der Besichtigung als eine Nothwendigkeit, so kann es der Heranziehung des Zeugnisses dritter Personen dafür, dass der Ever dicht am Winde gehalten sei, kaum bedürfen. Immerhin können die Aussagen der beiden Leute auf Deck des in der Nähe befindlich gewesenen Evers, welcher sich als der

Finkenwärder Ever Nr. 64, Schiffer Jacob Meyer, herausgestellt hat, und zwar des genannten Schiffers selbst und seines Bestmannes, nicht ausser Acht bleiben. Beide bekunden übereinstimmend, dass die »Magaretha« ihrer Wahrnehmung nach bis zum Zusammenstoss dicht am Winde gelegen habe.

Diesem Ergebniss wird die Aussage des Lootsen Dölling und das Zeugniss der beiden Steuerleute und des Schiffers der »Alster«, welche im Wesentlichen auch nur für die letzten Augenblicke vor der Collision ein Abfallen der »Magaretha« wahrgenommen haben wollen, um so weniger Abbruch thun, als es bei der rechtsdrehenden Bewegung der »Alster« und der dadurch bewirkten Vergrösserung des Strichwinkels, in dem man die »Magaretha« von der »Alster« aus über Backbord sah, naturgemäss für die auf der »Alster« stehenden Leute den Anschein gewinnen konnte, als wenn die »Magaretha« abhalte und auch ihrerseits zu der veränderten Position der beiden Schiffe zu einander beitrage. Das Seeamt musste hiernach zu der Ueberzeugung gelangen, dass die »Magaretha« der Vorschrift des Art. 18, wonach dasjenige Schiff, dem die Pflicht zum Ausweichen nicht obliegt, seinen Curs zu halten hat, nachgekommen ist.

Der Umstand, dass der Bestmann der »Magaretha« seiner eigenen Aussage nach in den letzten Minuten vor der Collision um $1/2$ Strich voller gehalten haben will, — dass es mehr als ein halber bis höchstens ein ganzer Strich keinenfalls gewesen sein kann, ergeben die obigen Ausführungen, — vermag hieran nichts zu ändern und zwar selbst dann nicht, wenn man, wie übrigens dahinsteht, annehmen wollte, dass ohne diese geringe Veränderung der Cursrichtung des Evers in den letzten Minuten die Collision vermieden wäre; denn, wenn die Regel, dass dasjenige Fahrzeug, welches nicht auszuweichen hat, seinen Curs halten soll, in der vernünftigen Erwägung getroffen ist, dem ausweichenden Schiff die Möglichkeit zu gewähren, seine Massnahmen zur Verhütung der Collision mit Sicherheit treffen zu können, so würde es doch ein durch nichts zu rechtfertigendes Wagniss sein, wenn das ausweichende Schiff seinen Curs so nahe an dem andern vorüberführen wollte, dass ein — durch mancherlei nicht vorherzusehende Umstände vielleicht unvermeidliches — Schwanken der Cursrichtung jenes Schiffes um $1/2$ bis 1 Strich zur Collision führen musste.

Es kann hierbei auch nicht ausser Acht bleiben, dass die Annahme, von der die Leute des Evers ausgegangen sein wollen, nämlich, dass die »Alster« hinter der »Magaretha« herum gehen wolle, an sich als eine durchaus berechtigte anerkannt werden muss. Die »Alster« hätte damit, jedenfalls soweit allein die »Magaretha« in Frage steht, der allgemeinen seemännischen Praxis entsprochen, derzufolge es für das ausweichende Schiff üblich ist, denjenigen Weg zu wählen, der hinter dem andern Schiff, welchem ausgewichen werden soll, herumführt. Die »Magaretha« musste aber an dieser an sich vorauszusetzenden Absicht der »Alster« dann zweifelhaft werden, als sie wahrnahm, dass die »Alster« mit Backbordruder nach Norden zu drehte. Das Seeamt konnte sich nun allerdings in dieser Beziehung der Annahme nicht verschliessen, dass, — wenn auch der Zeitpunkt des in Frage stehenden Manövers der »Alster« mit Sicherheit nicht ermittelt worden ist — eine solche Wahrnehmung jedenfalls noch so zeitig auf der »Magaretha« gemacht werden konnte, dass man auf derselben bei gehöriger Besonnenheit und Geistesgegenwart zu der Ueberzeugung hätte kommen müssen, es sei richtiger den Curs scharf am Winde beizubehalten, oder auch, soweit man schon etwas voller gehalten haben sollte, den Ever wieder mehr anluven zu lassen. Man würde dann, soweit die Collision nicht überhaupt zu vermeiden war, vermuthlich doch so viel haben erreichen können, dass nicht die »Alster« in die »Magaretha« hineingelaufen wäre, sondern die »Magaretha« die »Alster« an deren Backbordseite getroffen hätte, eine Eventualität, welche, wie man sich auf der »Magaretha« sagen musste, jedenfalls eine für den Ausgang einer unvermeidlich erscheinenden Collision viel weniger verhängnissvolle gewesen wäre, als der umgekehrt, in Wirklichkeit eingetretene Fall.

Auch ist, wenn man die überaus leichte Manövrirbarkeit derartiger Fahrzeuge berücksichtigt, nicht ausser Acht zu lassen, dass der Ever vielleicht auch noch im letzten Moment, als der Dampfer ein Signal mit der Dampfpfeife gab, durch über Stag bringen oder in den Wind schiessen lassen, frei oder doch in eine Lage zu bringen gewesen wäre, welche den Zusammenstoss bedeutend abgeschwächt hätte, und würde Schiffer Peters, wenn er selbst an Deck gewesen wäre, wahrscheinlich eine derartige — durch die Bestimmung des Art. 19 der Verordnung vom 23. December 1871 als statthaft vorgesehene — Nothmassregel ergriffen haben, während es den beiden jungen, bezw. 19 und 18 jährigen Leuten, welchen derzeit die Führung des Evers allein anvertraut war, hierzu an der gehörigen Besonnenheit und Geistesgegenwart gemangelt hat.

Dass übrigens eine rechtsdrehende Bewegung der »Alster« wahrscheinlich erst sehr kurze Zeit vor der Collision, nämlich ungefähr gleichzeitig mit dem Gebrauch der Dampfpfeife für Dritte wahrnehmbar geworden ist, wobei dahin gestellt bleiben mag, ob das Backbordrudercommando schon früher ertheilt wurde und nur nicht so rasch zur Wirkung gelangte, dafür spricht auch die Aussage des vom Seeamte vernommenen Lootsen Dirks, welcher einen damals hinter der »Alster« ausgehenden englischen Dampfer befehligte. Je weniger Zeit aber dem am Ruder befindlichen Bestmann der »Magaretha« zur Ueberlegung blieb, um so entschuldbarer muss es erscheinen, wenn ihm die rasche Entschlossenheit fehlte, eine Massregel zu ergreifen, welche der plötzlich wahrgenommenen Cursänderung der »Alster« Rechnung trug.

Wenn es sich schliesslich noch um die Frage handelt, in wie weit der von der Nord- nach der Südseite zu kreuzende Ever No. 64 das Manövriren der »Alster« beeinflusst haben mag, so kann so viel von vorneherein nicht verkannt werden, dass, wenn selbst der Curs jenes Evers den Bug der »Alster« in gefahrdrohender Weise kreuzte, und sie behufs Vermeidung einer Collision mit jenem Ever Schritte ergreifen musste, sie doch unter keinen Umständen berechtigt war, hierbei den andern von Backbord kommenden Ever, dem sie gleichfalls auszuweichen hatte, unberücksichtigt zu lassen. Ihr lag als Dampfschiff die Pflicht ob, beiden Segelfahrzeugen auszuweichen und wenn sich bei Fortsetzung der Fahrt beide Ever nicht vermeiden liessen, so musste die »Alster« im Nothfalle stoppen, eventuell auch ihre Maschine rückwärts arbeiten lassen, um vorerst beide Ever passiren zu lassen. Ueber die Lage des Evers No. 64 im Fahrwasser zur Zeit der Collision hat sich Sicheres nicht feststellen lassen. Dass nicht der Ever No. 64, wie Lootse Dölling der Ansicht gewesen sein will, sondern die »Magaretha« das der »Alster« nähere Fahrzeug war, ergiebt sich daraus, dass der Ever No. 64 im Augenblick der Collision noch mindestens um eine Reihe von Everlängen weiter elbabwärts war. Ferner muss der Ever No. 64, wenn derselbe zuletzt an der Nordseite noch innerhalb der weissen Tonnen, wenn auch nicht, wie der Führer desselben, Jakob Meyer, meint, mitten im Fahrwasser über Stag gegangen ist und diese Wendung, wie die Beweisaufnahme ferner ergeben hat, nahezu gleichzeitig mit der Wendung der »Magaretha« an der Südseite erfolgt ist, und wenn ferner die Collision inmitten des Fahrwassers eher näher den weissen als den schwarzen Tonnen erfolgt sein soll, im Augenblick der Collision vor dem Bug der NzW anliegenden »Alster« jedenfalls schon reichlich frei gewesen sein.

Das Seeamt giebt auf Grund vorstehender Erwägungen seinen Spruch dahin ab:

»Die Schuld an dem Zusammenstoss der »Alster« mit dem Finkenwärder Fischerever No. 8 »Magaretha« ist dem Umstande zuzuschreiben, dass man auf der »Alster«, vermuthlich in dem Bestreben von dem von der Nord- nach der Südseite zu kreuzenden Ever No. 64 freizukommen, auf die gefahrdrohende Annäherung der »Magaretha« nicht genügend geachtet hat und, statt, — sofern es des andern, von der Nord- nach der Südseite zu liegenden Evers halber nicht möglich war, mit Steuerbordruder hinter der »Magaretha« herumzugehen, — die Fahrt der »Alster« zu stoppen bezw. doch zu vermindern, mit Backbordruder vor dem Bug der »Magaretha« vorüber zu gehen suchte.

Andererseits hätte aber auch die »Magaretha« ihrerseits etwas zur Vermeidung oder doch Abschwächung der Collision beitragen können, wenn sie, wie solches von einer besonnenen Führung dieses Fahrzeuges zu erwarten gewesen wäre, nach Gewahrwerden der rechtsdrehenden Bewegung der »Alster« statt voller zu halten, ganz scharf an den Wind gegangen wäre; wie es auch möglich erscheint, dass eine mit der richtigen Entschlossenheit und Geistesgegenwart noch im letzten Moment ausgeführte Nothmassregel — Wenden oder vor den Wind halten des Evers — zur Vermeidung oder doch zur wesentlichen Abschwächung der Collision hätte beitragen können.

Das Verhalten der »Alster« nach dem Zusammenstoss giebt zu Ausstellungen keinen Anlass.

Es bleibt hervorzuheben, dass da Schiffer Peters krank unter Deck war, an Bord der »Alster« aber nach der übereinstimmenden Aussage aller Betheiligten der Lootse das Commando hatte, keinerlei Grund zu einem gegen die Führer der beiden Fahrzeuge sowie die Steuerleute der »Alster« auszusprechenden Tadel vorliegt.«

88. Spruch des Seeamts zu Stettin vom 24. April 1880, betreffend den Seeunfall der Brigg „Marie & Helene“ von Altwarp.

Schiff auf der Rhede von Tonala (mexikanischer Meerbusen) von den Ankern gebrochen, gestrandet und wrack geworden.

Der Spruch des Seeamts lautet:

dass die Strandung der Brigg »Marie & Helene« (JDKH) auf der Rhede von Tonala — mexikanischer Meerbusen — am 18. November 1879 durch orkanartigen Sturm aus Norden, gegen welchen es nach Lage der Verhältnisse eine Rettung nicht gab, verursacht worden ist.

Gründe. Am 13. November 1879 kam die Brigg »Marie & Helene« in Ballast von Tobasco unter Führung des Schiffers Mundt aus Vogelsang, welcher den bereits in Liverpool erkrankten Führer und Eigenthümer des Schiffes, den Schiffer Adalbert Sprenger aus Altwarp, vertrat und solches auch schon für die Reise des Schiffes von Liverpool nach Tobasco gethan hatte, in gutem seetüchtigen Zustande, namentlich auch mit Anker und Ketten wohl versehen und wohl bemannt auf der Rhede von Tonala an und ging auf Veranlassung des Lootsen ausserhalb der Barre in 8 ½ Faden Wasser vor Steuerbord-Anker mit 40 Faden Kette vor Anker. Es sollte Mahagoni laden. Am 15. November war der Ballast bis auf 40 Tonnen gelöscht und das Schiff zur Aufnahme der Ladung fertig gemacht. Die Ladung konnte jedoch nicht sofort übergenommen werden, weil der befrachtende Kaufmann sich noch nicht im Besitze derselben befand.

Am 18. ging der Wind, welcher bisher aus Ost geweht hatte, mehr nach Norden herum mit schwerer See aus Norden. Um 12 Uhr Mittags wehte es aus NNO mit sehr schwarzen Wolken, aus NNW und NW. Es wurde deshalb der Backbordanker mit 35 Faden Kette fallen gelassen und auf dem Steuerbordanker 70 Faden Kette ausgesteckt. Zugleich wehte es einen starken Norder mit schwerer See. Um 2 Uhr ging der Wind nach NNW um und nun wurde die Steuerbordkette bis zum Ende und von Backbordkette 45 Faden ausgesteckt. Die See brach sich mehr und mehr in einer Weise, dass sie häufig über das Schiff wegschlug, so dass sich dieses mit Schwierigkeit auf dem Wasser hielt. Um 4½ Uhr brach die Steuerbordkette, und es wurde nunmehr die ganze Länge der Kette auf dem Backbordanker ausgesteckt. Nichtsdestoweniger trieb das Schiff vor dem Anker und befand sich in kurzer Zeit auf 4 Faden Wasser dicht vor der Barre. Es wurde deshalb die Kette schlippen gelassen und die Fock- und das Stagsegel aufgehisst, um das Schiff vor dem Winde abfallen zu lassen und so auf den Strand zu kommen. Kurze Zeit nachher stiess es auf dem ersten Riffe auf, blieb fest und fiel auf die eine Seite über. Um zu verhindern, dass es vollständig auf die eine Seite zu liegen käme, wurde der Grossmast gekappt, das Schiff richtete sich jetzt auf und rückte mehr den Strand hinauf. Um 5 Uhr Nachmittags war es vollständig fest, mit dem Bug direkt auf dem Strand. Mit Hülfe vom Lande aus gelang es, ein Tau vom Schiffe an das Land zu bringen und dort zu befestigen, da es aber wegen der heftigen Böen und des groben Seeganges sehr gefährlich schien, an Land zu gehen, so blieb die Besatzung bis zum folgenden Tage an Bord. Um 10 Uhr Nachts ging der Fockmast über Bord und das Schiff drehte sich soweit, dass es auf Backbordseite überschlug, mit dem Kiel nach der See und dem Deck nach der Küste. Um 2 Uhr früh brach es mittschiffs auseinander und füllte sich mit Wasser, ein Theil des Vorderschiffs schlug in Stücke und wurde von der See hinweggeführt. Im Morgengrauen des 19. November setzte das Schiff immer mehr auf die Küste, so dass es der Besatzung möglich wurde, an den Strand zu kommen. Der Wind war aber immer noch sehr stark, und da die See sich mächtig innerhalb und ausserhalb des Schiffes brach, so war es gänzlich unmöglich, etwas aus dem Schiffe zu retten. Anderen Tages gelang es, einige der Mannschaft gehörige Sachen und einige Lebensmittel aus der Cajüte zu bergen, der Raum und die untere Cajüte waren voll Wasser. Das Schiff wurde später im Wege öffentlicher Auction verkauft.

Der Fall selbst liegt klar. Unter den obwaltenden Verhältnissen musste das Schiff bei einem nördlichen Sturme (da es ausser Stande war, in See zu gehen), wenn Anker und Ketten, die ja reichlich vorhanden waren, nicht hielten, auf den Strand geworfen werden und die Bemühungen des Schiffers nur darauf gerichtet sein, das Leben der Besatzung zu retten. In letzterer Beziehung hat der Schiffer sachgemäss gehandelt. Es ist ihm deshalb kein Vorwurf zu machen.

Auffallend bleibt aber die grosse Zahl der von der hiesigen Rhederei auf ganz ähnliche Weise im mexikanischen Meerbusen verlorenen Schiffe.

89. Spruch des Seeamts zu Stettin vom 24. April 1880, betreffend den Seeunfall des Schooners „Libertas“ von Pölitz (Kreis Randow).

Schiff südlich der Greifswalder Oie gestrandet und wrack geworden.

Der Spruch des Seeamts lautet:

dass die Strandung des Schooners »Libertas« (JDQL) am 8. März 1880 in der Nähe des Ostertiefs zwischen der Insel Oie und dem Festlande durch widrige Winde und hohen Seegang verursacht worden ist.

Gründe. Am 7. März 1880 Mittags verliess der Schooner »Libertas«, geführt von seinem Eigenthümer, dem Schiffer Wilhelm Bredow aus Messenthin, mit einer Ladung Kartoffeln nach Kopenhagen bestimmt, den Hafen von Swinemünde. Das Schiff befand sich in gutem Zustande, war ausreichend bemannt und nicht überladen. Der Wind wehte aus WSW. Mit diesem Winde passirte das Schiff noch um 7½ Uhr Abends die Greifswalder Oie in einer Entfernung von 2 bis 3 Seemeilen. Später drehte sich jedoch der Wind durch W nach NNW und wehte um 10 Uhr Abends aus dieser Richtung so stark und ging die See dabei so hoch, dass das Schiff schwer arbeitete und viel Wasser auf Deck bekam. Alle Segel waren gerefft; da bei diesem Winde das Schiff nicht vorwärts kommen konnte, beschloss der Schiffer, nach Swinemünde zurückzukehren, um Schiff und Ladung nicht unnütz der Gefahr des Unterganges auszusetzen. Er wendete also um etwa 10 Uhr das Schiff und steuerte S½O auf Swinemünde zu. Um 12½ Uhr passirte es wiederum die Oie in einer Entfernung von 2 bis 3 Seemeilen. Als um etwa 2 Uhr der NNW Wind etwas nachliess und das Barometer unruhig wurde, was darauf deutete, dass der Wind nach Nord oder Ost herumgehen würde, drehte der Schiffer vom Lande ab, um nicht auf den Strand zu gerathen, gewann aber wenig Distanz, obgleich das Schiff reichlich Segel hatte. Um 4 Uhr sprang der Wind wirklich mit aller Gewalt nach Ost herum. Jetzt war der Schiffer bemüht, die Oie zu passiren, um in den Greifswalder Bodden oder hinter den Ruden zu gelangen. Der östliche Wind und der Seegang trieben aber das Schiff um 6½ Uhr Morgens in der Nähe des Ostertiefs zwischen der Insel Oie und dem Festlande auf den Strand. Es sass auf einem Steinriff fest und stiess bei dem hohen Seegange und dem östlichen Winde sehr heftig auf. Am Nachmittage des 8. März wurde die Besatzung sowie der eine auf dem Schiffe befindliche Passagier durch ein Boot der Lootsen-Station Thiessow von dort aus gerettet und später die gesammte Ladung geborgen. Das Schiff selbst aber sitzt noch fest.

Die Handlungsweise des Schiffers — ein Steuermann befand sich überhaupt nicht auf dem Schiffe — giebt zu einem Tadel keine Veranlassung. Wenn das Schiff bei dem starken NNW Winde und dem heftigen Seegange die See nicht halten konnte (und dies zu bezweifeln liegt keine Veranlassung vor), dann schien es geboten, nach Swinemünde zurückzukehren. Diesen Hafen zu erreichen wurde aber, als der Wind aus O kam, unmöglich, und blieb in der That nur übrig, den Versuch zu machen, durch das Ostertief in den Greifswalder Bodden zu gelangen. Allerdings war aber dieser Versuch ein verzweifelter, denn das Ostertief ist nur eine schmale Baggerrinne, die nur für den genau Unterrichteten zu befahren ist. Das war jedoch der Schiffer Bredow nicht. Er hatte dies Fahrwasser noch nie befahren, auch hatte er weder eine Specialkarte an Bord, noch waren bei der Dunkelheit und dem hohen Seegange die Marken des Ostertiefs zu erkennen. Das Aufstossen des Schiffes in jenem gefährlichen Fahrwasser war deshalb mit ziemlicher Sicherheit zu erwarten. Nichtsdestoweniger war jener Versuch der einzig mögliche und deshalb geboten.

Ein Nothhafen in jener Gegend (der auf der Greifswalder Oie ist nur für Fischerböte bestimmt) oder auch nur eine Lootsen-Station auf der Oie (bisher ist eine solche nur bei Thiessow) hätte vielleicht den Unfall verhütet, doch kann man das Nichtvorhandensein derselben als Mängel von für die Schiffahrt gebotenen Hülfseinrichtungen bezeichnen.

90. Spruch des Seeamts zu Flensburg vom 24. April 1880, betreffend den Seeunfall des Schraubendampfers „Fortuna" von Flensburg.

Schiff in der Nähe von Soggendahl (Westküste von Norwegen) gestrandet und gesunken.

Der Spruch des Seeamts lautet:

dass der Unfall lediglich dem schlechten Wetter und der damit in Verbindung stehenden Versetzung des Schiffes nach der norwegischen Küste zuzuschreiben sei.

Gründe. Der Flensburger Schraubendampfer »Fortuna«, Unterscheidungs-Signal LKDF, zu 167,29 britischen Register-Tons vermessen, geführt vom Schiffer Hans Hansen, ist in der Nacht vom 4. auf den 5. April 1880 auf der Reise von Grangemouth nach Flensburg in der Nähe von Soggendahl an der norwegischen Westküste gesunken. Ueber den Verlauf dieses Unfalls sind der Schiffer und der Steuermann uneidlich, die zur Besatzung gehörigen beiden Maschinisten und drei Matrosen eidlich vernommen worden. Hiernach ist das Ergebniss der Beweisaufnahme folgendes:

Das Schiff verliess am 1. April 1880 Abends 7 Uhr mit Kohlen, feuerfesten Steinen und Eisen beladen den Hafen von Grangemouth. Die ersten sechs Stunden wurde nach Peilungen gesteuert, um zu untersuchen, ob sich bei der Eisenladung die Richtigkeit des Compasses bewähre. Es stellte sich hierbei heraus, dass die Stellung der Nadel durch die Eisenladung nicht alterirt wurde. Bis zum Nachmittage des 3. April ging die Reise ohne besondere Zwischenfälle von Statten. An diesem Nachmittage trat stürmisches Wetter mit bedeckter Luft ein. Man setzte zunächst das Schiff auf halbe Fahrkraft und dampfte bis Sonntag den 4. April Morgens 4 Uhr mit dieser Kraft weiter bei ostsüdöstlichem Winde mit dem Curse OSO½O nach dem Compass. Um diese Zeit wurde der Wind orkanartig und die Luft so dick und regnerisch, dass Observationen nicht mehr angestellt werden konnten. Um das Schiff gegen Wind und See zu schützen, wurden alle Segel festgemacht, die Fahrt auf 1½—2 Seemeilen in der Stunde vermindert und Südost gesteuert. Man berechnete dabei, dass man 270—280 Seemeilen von Grangemouth zurückgelegt habe und glaubte sich an der Ostkante der sogenannten grossen Fischerbank zu befinden. Indem man so weiter steuerte, hoffte man demnächst entweder das Leuchtfeuer von Lindesnäs an der norwegischen, oder das Leuchtfeuer Hansholm an der jütländischen Küste peilen zu können. Gegen Abend nahm der Wind allerdings etwas ab, es stellte sich aber Schneetreiben ein und die Luft blieb dick, so dass auch jetzt noch keine Observationen gemacht werden konnten. In der Nacht von Sonntag auf Montag, vom 4/5. April, um 12½ Uhr gewahrte der Schiffer, welcher die Wache hatte, von der Commandobrücke aus plötzlich eine Klippe, die eine halbe Schiffslänge entfernt auf der Backbordseite des Schiffes ungefähr 12 Fuss aus dem Wasser hervorragte. In demselben Mo ment stiess das Schiff auch schon auf. Gleichzeitig liess der Schiffer das Ruder Backbord legen und commandirte »volle Kraft«. Dieser Befehl wurde auch ausgeführt; das Schiff kam aber erst dann von der Klippe frei, als es noch zweimal aufgestossen hatte. Alsbald wurde von den Maschinisten gemeldet, dass im Maschinenraum vier Fuss Wasser ständen. Man setzte sofort die Dampfpumpen in Gang, das Wasser stieg indess immer höher, so dass die Feuer ausgelöscht wurden. Um eine Kesselexplosion zu vermeiden, öffneten die Maschinisten das Sicherheitsventil und liessen den Dampf entweichen. Da unter solchen Umständen an eine Rettung des Schiffes nicht mehr zu denken war, liess man das grosse Boot ins Wasser, um das Leben der Besatzung zu bergen. Es gelang dies auch nach einiger Mühe; die gesammte Mannschaft rettete sich glücklich ins Boot. Schon ¼ Stunde später sah man vom Boot aus das Schiff untersinken an einer Stelle, wo die Seekarten 100 Faden Wasser zeigen. Geborgen hatte man nichts als die Kleider, die man am Leibe trug, und einigen Mundvorrath. Alle übrigen Effekten, darunter die Certificate des Schiffers und Steuermanns, das Schiffsjournal und die Seekarten wurden an Bord zurückgelassen. Nachdem man ungefähr 8 Stunden gerudert hatte, landete man um 8 Uhr Morgens in Soggendahl an der norwegischen Küste.

Wäre, wie man an Bord der »Fortuna« dermalen annahm, das Schiff am 4. April Morgens 4 Uhr, als der Orkan eintrat und man langsam zu fahren begann, nach einer Fahrt von 270 bis 280 Seemeilen in dem gesteuerten Curse OSO½O geblieben, so hätte es der Intention des Schiffers entsprechend in das zwischen der norwegischen und der jütländischen Küste befindliche Fahrwasser einlaufen müssen und nicht an die Westküste Norwegens gerathen können. Die Annahme über den Standpunkt des Schiffes um diese Zeit muss eine irrige gewesen sein; das Schiff ist dermalen 15 deutsche = 60 Seemeilen weiter nördlich gewesen, denn nur dann ist es erklärlich, dass es bei der innegehaltenen langsamen Fahrt und dem südöstlichen Curse in die Nähe der unweit Soggendahl belegenen Klippen gelangen konnte. Dass das Schiff soweit nordwärts verschlagen wurde, hat hauptsächlich seinen Grund in der vom Süden kommenden Meeresströmung, zum Theil auch vielleicht darin, dass die Richtigkeit des Compasses durch die Eisenladung dennoch beeinträchtigt wurde. In letzterer Beziehung ist darauf hinzuweisen, dass erfahrungsmässig Eisenladungen auf den Compass einwirken und dass, wenngleich in den ersten 6 Stunden der Fahrt ein Abweichen der Nadel von der normalen Richtung nicht hat wahrgenommen werden können, solches sich erst im weiteren Verlauf der Reise eingestellt haben mag.

Den Schiffer und den Steuermann trifft hinsichtlich der irrthümlichen Annahme des Standpunkts des Schiffs kein Verschulden, weil sie durch die dicke Luft behindert waren, Observationen vorzunehmen und die Gewalt der Strömung bei dem hohen Seegange nicht zu berechnen war. Es muss deshalb der Unfall lediglich dem schlechten Wetter, welches die Anstellung von Observationen unmöglich machte und daher die Versetzung nach Norden nicht erkennen liess, zugeschrieben werden. Das Manöver, welches ausgeführt wurde, als man die Klippe entdeckte, war der Sachlage entsprechend, weil das einzig mögliche, um das Schiff von der Klippe freizubringen. Dass der Schiffer sofort das Ruder Backbord legen liess und »volle Kraft« commandirte, beweist, dass er die Situation richtig erfasste, und lässt erkennen, dass er zu handeln versteht, wie es von einem entschlossenen und tüchtigen Seemann erwartet werden darf.

91. Spruch des Seeamts zu Hamburg vom 27. April 1880, betreffend den Seeunfall der deutschen Bark „Elizabeth Emily“ von Hamburg.

Schiff in der Nordsee leck gesprungen, von der Mannschaft verlassen und gesunken.

Die zu 930,4 cbm oder 328,44 Register-Tons Netto-Raumgehalt vermessene Bark »Elizabeth Emily«, Unterscheidungs-Signal RDJC, Heimathshafen Hamburg, ist am 8. April 1880 auf einer Reise von New-Castle nach Schweden schwer leck geworden und gesunken.

Die Mannschaft rettete sich in den Schiffsböten an Bord eines in die Nähe des sinkenden Fahrzeuges gekommenen norwegischen Schooners, von dem sie in Farsund in Norwegen gelandet wurde.

Die über diesen Seeunfall eingeleitete Untersuchung hat Folgendes ergeben:

Die »Elizabeth Emily« war im Jahre 1853 in Sunderland erbaut worden, fuhr bis 1872 unter englischer Flagge, ging dann in deutsches Eigenthum, und im Jahre 1877 in das Eigenthum von vier in Hamburg bezw. Altona domizilirten Schiffskapitänen zu je 1/4 Part über. Das Schiff wurde anfänglich von einem der Mitrheder, Schiffer Thormählen, geführt. Dieser schied aber bald wieder aus der Mitrhederschaft aus, wogegen im Februar 1878 ein anderer in Hamburg wohnender Schiffskapitän als Mitrheder aufgenommen wurde. Die Führung des Schiffes erhielt im März 1878 der gleichfalls in Hamburg zu Hause gehörige Schiffer C. H. M. Rathe, welcher dasselbe auch auf der letzten Reise befehligte. Nach dem Zeugniss des vom Seeamte eidlich vernommenen Correspondentrheders, Schiffskapitän Schwank, war das Schiff von ihm und seinen Mitrhedern gegen eine Baarzahlung von ℳ 12 000 und unter Uebernahme einer Nebenverpflichtung, dahin, dass das Schiff noch einige Reisen für Rechnung des Verkäufers machen musste, angekauft worden. Dasselbe hatte keine Klasse und wurde von der jetzigen Rhederei ausschliesslich zu Reisen zwischen Häfen der Ost- und Nordsee, und zwar meist zum Transport von Kohlen- bezw. Holzladungen benutzt. Versichert war das Schiff nicht. Die letzte Reparatur des Schiffes ist im Winter 1877 auf 78 auf Steinwärder vorgenommen worden. Das Schiff war damals auf den Slip gebracht. Die Reparatur beschränkte sich aber im Wesentlichen auf Calfaterung der Dwarsnähte, sowie der Kiel- und der Stevennähte. Seitdem ist das Schiff unter Wasser überall nicht wieder nachgesehen worden. Die Ladungen des Schiffes betrugen im Höchstbetrage ungefähr 440—450 Tons. Schiffer Rathe bezeugt, dass die auf der letzten Reise des Schiffes eingenommene Ladung, welche aus Gaskohlen bestand, laut Connossement nur 424 Tons betragen sollte, dass er aber aus dem vorne 15 1/2, hinten 16 Fuss betragenden Tiefgang des Schiffes abgenommen habe, dass die Ladung wohl, wenn auch nur um ein Geringes, grösser gewesen sein müsse. Nach Aussage des darüber vernommenen Correspondentrheders hat das Schiff seine Ladungen, mit Ausnahme einer vor mehreren Jahren erfolgten Reise, auf welcher dasselbe in der Nähe von Kopenhagen strandete, immer gut und trocken abgeliefert, wie auch sämmtliche vom Seeamte vernommene Personen, Correspondentrheder, Schiffer und Mannschaft, Nachtheiliges über die Beschaffenheit des Schiffes nicht geäussert haben.

Nach dem Schiffsjournal, der in Farsund in Norwegen belegten Verklarung und den Aussagen der vom Seeamt vernommenen Mannschaft hat sich der Unfall folgendermassen zugetragen:

Das Schiff hatte New-Castle am 3. April verlassen und seine Reise bei veränderlichen westlichen bis südwestlichen Winden ohne bemerkenswerthe Vorfälle bis zum Abend des 5. April fortgesetzt, als man bald nach 8 Uhr bemerkte, dass das Schiff ungewöhnlich viel Wasser zog. Statt zweistündlich die Pumpen anzusetzen, wie Schiffer Rathe es bisher auf seinen Reisen mit der »Elizabeth Emily« immer gehalten hatte, musste jetzt jede halbe Stunde und von Mitternacht an fortwährend gepumpt werden. Um 3 Uhr Morgens am 6. entdeckte der Schiffer, welcher etwas aus der Piek holen wollte, dass das Wasser von dort, und zwar von einer anscheinend ganz unten am Kiel an Steuerbordseite gelegenen Stelle aus, ins Schiff drang. Nachdem die Luken geöffnet worden waren, um erst das Kohlengas abziehen zu lassen, begab sich Schiffer Rathe mit dem Steuermann und einem Matrosen wieder in die Piek, um womöglich das Leck zu dichten. Man löste einige Garnirungsplanken, konnte aber, da das Leck zu tief sass, des Wassers halber nicht an dasselbe gelangen und musste sich damit begnügen, Säcke und Werg zwischen Aussenhaut und Garnirung hineinzustopfen. Es gelang dann noch unter fortwährendem Pumpen, das Schiff bis zum Abend des 6. lens zu halten. In der Nacht vom 6. auf den 7. wuchs aber das eindringende Wasser bei zunehmendem Wind und hohem östlichen Seegang, in dem das Schiff schwer arbeitete und mehrere Sturzseen übernahm, dermassen, dass eine Wache nicht mehr zum Pumpen genügte und dass selbst die ganze Mannschaft, welche um 12 Uhr an Deck und an die Pumpen beordert wurde, das Wasser nicht mehr zu bewältigen vermochte. Um 7 Uhr Morgens am 7. waren 3′ 9″ Wasser im Schiff. Obwohl nun der Wasserstand trotz des unausgesetzten Pumpens fortwährend wuchs, vermochte Schiffer Rathe es doch noch über seine Leute, dieselben bis zum nächsten Morgen (8. April) zum Ausharren zu bewegen. Am Abend des 7. waren schon über fünf Fuss Wasser im Schiff gewesen, und hatte Schiffer Rathe vorsichtshalber schon damals die Böte klar machen und ein Nothsignal setzen lassen, um womöglich ein anderes Schiff in der Nähe zu halten, Mit Tagesanbruch erblickte man in ungefähr $^1/_2$ Seemeile Entfernung einen Schooner, und gab jetzt Schiffer Rathe, welcher einsah, dass fernere Anstrengungen der durch das mehrtägige angestrengte Pumpen erschöpften Mannschaft doch nutzlos bleiben mussten — obwohl Wind und See während der Nacht ruhiger geworden, fand man um 4 Uhr Morgens 7′ 6″ bei den Pumpen — seine Einwilligung zum Verlassen des Schiffs. Nachdem der Schiffer des in der Nähe befindlichen norwegischen Schooners sich auf vorherige Anfrage zur Aufnahme der Schiffbrüchigen bereit erklärt hatte, begab sich Schiffer Rathe mitsammt seiner ganzen, aus acht Mann bestehenden Besatzung und unter Mitnahme der Schiffspapiere nnd der werthvollsten Inventarstücke an Bord jenes Schiffes. Letzteres hielt sich bis zum Nachmittage in der Nähe der sinkenden »Elizabeth Emily«.

Schiffer Rathe bezw. der Steuermann der »Elizabeth Emily« sind mit einem Theil der eigenen Mannschaft, wie auch mit Leuten vom norwegischen Schiff, noch mehrere Male an Bord des sinkenden Schiffes zurückgekehrt, und gelang es, noch einiges Schiffsinventar zu bergen. Zwischen 2 und 3 Uhr hat Schiffer Rathe dann sein Schiff wegsinken sehen.

Nach dem vorstehend geschilderten Thatbestand kann es nicht zweifelhaft erscheinen, dass der Untergang der »Elizabeth Emily« einer ungenügenden baulichen Beschaffenheit des Rumpfes derselben zuzuschreiben ist. Wenn auch gegen die jetzige Rhederei des Schiffes daraus allein ein Vorwurf nicht wird hergeleitet werden können, dass sie ein Schiff von dem Alter der »Elizabeth Emily«, welches ungekupfert, ohne Klasse und zu einem sehr geringen Preis erstanden war, von dem sie somit wissen musste, dass dasselbe sorgfältigen Ansprüchen keinenfalls genügen werde, überhaupt noch in Fahrt setzte, und zwar um so weniger, als sie das Schiff nur für kurze Reisen in europäischer Fahrt verwandte, so kann doch der Umstand nicht ungerügt bleiben, dass die Rhederei den Boden des Schiffes, der eigenen Aussage des Correspondentrheders zufolge, seit dem Winter 1877/78 einer weiteren Untersuchung und Reparatur nicht unterzogen hat. Die Anwendung dieser bei Schiffen von Alter und Beschaffenheit der »Elizabeth Emily« durchaus gewöhnlichen und hier um so dringender gebotenen Vorsicht, als die »Elizabeth Emily« nicht gekupfert war, hätte wahrscheinlich zur Entdeckung und Reparatur der schadhaften Stelle geführt, welche jetzt den Untergang der »Elizabeth Emily« herbeigeführt hat.

Dass im Uebrigen die Rhederei mit der erforderlichen Diligenz verfahren ist, zumal was Bemannung und Beladung des Schiffes anlangt, kann nicht bezweifelt werden. Ueberladen war das 328,44 Register-Tons grosse Schiff mit einer Ladung von ungefähr 440 Tons Kohlen nicht. Ebenso ist die Bemannung mit acht kräftigen Leuten neben dem Schiffer für ausreichend zu erachten.

Das Seeamt musste schliesslich anerkennen, dass Schiffer wie Mannschaft bei Gelegenheit des hier fraglichen Seeunfalles, nach Allem was vorliegt, durchaus pflichtgemäss gehandelt haben. Ein Verlassen des dem Sinken nahen Fahrzeuges, welches auf 56° 19″ nördlicher Breite und 5° 29′ östlicher Länge erfolgt ist, musste nach den Umständen des Falles als durchaus gerechtfertigt erscheinen.

Der Spruch des Seeamts geht hiernach dahin:

»Der Untergang der hamburgischen Bark »Elizabeth Emily« ist einem auf der letzten Reise im Boden des Schiffes nahe dem Kiel gesprungenen Leck zuzuschreiben, ohne dass Schiffer wie Mannschaft in Bezug auf den Verlust des Schiffes ein Vorwurf träfe. Ein derartiger Unfall wäre aber wahrscheinlich vermieden worden, wenn die Rhederei ihr Schiff, wie solches die Vorsicht gebot, einer häufigeren Besichtigung und Reparatur unterzogen hätte«.

Inhalt (Fortsetzung von Seite 2 des Umschlags).

Kolibri 360 GmbH
Ferdinand-Jühlke-Straße 7
99095 Erfurt, Deutschland
produktsicherheit@kolibri360.de